EFFECTIVE
AND CARING
LEADERSHIP
IN THE
EARLY YEARS

学前教育中的
有效领导力

[英] 伊兰·西拉杰－布拉奇福德（Iram Siraj-Blatchford） 著
伊莱恩·哈利特（Elaine Hallet）

李敏谊　陈肖琪　叶　品　王诗棋　文若予　杨雅雯 ◎ 译

教育科学出版社
·北 京·

译者序

一、关怀伦理学与女性视角下的学前教育领导力

儿童的学习与发展是学前教育领域利益相关者的共同目标与一致追求，诸多从业者致力于提升学前教育质量。而学前教育机构的领导者作为机构的掌舵人，其领导力对该机构的学前教育质量具有举足轻重的影响。在学前教育领域，女性从业者的比例占据压倒性优势，而女性领导者也以自身独特的女性视角为学前教育领导力带来具备关怀伦理的亮眼风向。那么，何谓关怀伦理？以教育学家尼尔·诺丁斯（Nel Noddings）为代表人物的关怀伦理学主张学校要以关心学生为首要任务，以培养学生成为心中有爱的人为目标。推演至学前教育机构，如幼儿园，可视为主张幼儿园以培养"眼中有光，脸上有笑，心中有爱，肩上有责"的幼儿为目标，而这一目标的实现有赖于为教职工创设类似的组织文化氛围。此外，关怀伦理学的建构更是受到女性道德感研究的启发，常与女性这一性别角色相联系，并随着《关怀：女性主义的伦理学和道德教育》（*Caring: A Feminine Approach to Ethics & Moral Education*）等一系列著作的出版逐渐得以推广。①② 由此可见，将与女性视角紧密关联的关怀伦理学置于学前教育领导力的大背景下，真可谓恰如其分。本书英文题目中就有"关怀"（caring）一词。

① 何艺，檀传宝. 诺丁斯的关怀伦理学与关怀教育思想 [J]. 伦理学研究，2004（1）：81-84.
② 侯晶晶，朱小蔓. 诺丁斯以关怀为核心的道德教育理论及其启示 [J]. 教育研究，2004（3）：36-43.

二、英格兰发展高质量普惠性学前教育的背景

在英格兰发展高质量普惠性学前教育的历程中，部分研究者与实践者将目光聚焦于学前教育机构领导者的领导力上，由此形成本书。文内探讨的学前教育机构类型、学前教育从业者培养模式与领导力学术研究项目等均以英格兰为主。

纵观英格兰政府近 30 年的学前教育政策与成效，可一窥其"普及普惠"与"高质量"两大关键词。自 1997 年以来，英格兰对学前教育政策进行了大刀阔斧的深度改革，在学前教育的可获得性（accessibility）与质量（quality）方面取得了瞩目成效。数据显示，政策实施后，受益于政府资助与监管的学前教育项目的儿童占比快速增长，这一数字从 1997 年的 56%（3—5 岁儿童）提升为 2018 年的 92%（3 岁儿童）、95%（4 岁儿童）和 72%（2 岁儿童）。与此同时，学前教育质量评级为良好与杰出的私立供给机构也大幅度增加。自 2010 年以来，即使在执政党风云变幻与学前教育政策调整的社会背景下，英格兰政府对学前教育的大力支持仍得以延续，普及学前教育的目标在各党派间达成共识。[1][2]

三、本书对中国提升幼儿园园长领导力的价值所在

在中国的各级各类学校教育中，女性从业者在学前教育阶段的占比最高。相对而言，对于如何更好地发挥女性视角下的关怀领导力以提升教育质量这一命题，学前教育阶段是最合适的切入角度。最新数据显示，在学前教育阶段，我国女性教职工比例高达 92%，女性专任教师比例超过 97%。近年来，有来自中国的实证研究认为，女性领导力的特质不只在组织层面具有促进作用，

---

[1]　陈欢，王小英. 英格兰高质量普惠性早期保育教育的发展及其对我国的启示 [J]. 学前教育研究，2019（3）：41–53.

[2]　Lewis J，West A. Early Childhood Education and Care in England under Austerity：Continuity or Change in Political Ideas，Policy Goals，Availability，Affordability and Quality in a Childcare Market[J]. Journal of Social Policy，2016（2）：331–348.

在团队氛围、员工绩效等个体层面也存在正向作用，且在不同所有制、不同组织性质与不同文化等情境下均具有普适性价值。[①]

将本书翻译并推广至我国，能为在职的与有潜力的幼儿园园长、保教主任与年级组长等学前教育机构的领导者带来提升领导力的有效参考，能为从事学前教育质量评估与督导的教育行政部门提供优化学前教育质量监测指标的有力启发，能为深耕或感兴趣于教育学、管理学与交叉学科的相关人士提供理论与实践的丰富案例。

四、本书的核心内容概述

本书倡导优质学前教育机构在提升质量、追求卓越的进程中，实践有效和关怀领导力，创设关怀人、滋养人和发展人的文化氛围。全书逻辑层层递进，共探讨了如下三大部分内容。第一部分提供了背景信息，包括在学前教育领域倡导有效和关怀领导力的背景因素，并详尽阐述了与学前教育领导力密切相关的三项学术研究。第二部分探讨了学前教育领域有效和关怀领导力的实践模型，包括领导者应具备"定向领导力"，以发展共同愿景，促进有效沟通；具备"协作领导力"，以增强团队文化，深化家长协作；具备"赋权领导力"，以促进他人的主体性，领导变革过程；以及具备"教学领导力"，以引领学习，引领反思性学习。第三部分描绘了三个自传性反思故事，三位学前教育机构领导者通过图画与文字的双重表现方式，阐述并分析了自身探索有效和关怀领导力实践的历程。

李敏谊

北京师范大学

[①] 史洁慧. 女性领导力特质、团队氛围与员工绩效研究 [D]. 北京：对外经济贸易大学，2015.

目　录

图表目录

作者简介

　　伊兰·西拉杰-布拉奇福德教授是学前教育领域的国际专家。她曾参与英格兰国家学校领导力学院（the National College for School Leadership）的《学前教育国家领导力标准》（the National Standards for Leadership in the Early Years）的制定工作，并撰写了关于系统领导力（Systems Leadership）的权威评论文章。她是第一位基于"有效学前教育"（Effective Provision of Pre-school Education，简称EPPE）的数据撰写"核心领导力"相关文章，并拥有该领域实证研究有效成果的研究者。伊兰也是学前教育领域的教学法、课程和领导力研究的执牛耳者。她致力于为幼儿，特别是弱势群体的幼儿，提供更公平的人生起点的研究。她现为伦敦大学教育学院学前教育专业的教授①。

　　伊莱恩·哈利特博士现为伦敦大学教育学院学前教育专业的一名讲师②。作为一名教师、教师顾问、副校长以及继续教育和高等教育机构中的讲师、部门负责人和研究员，她拥有丰富的与实践者、儿童及家庭一同工作的经验。伊莱恩曾主持为学前教育领导者和儿童中心管理层开设的国家授权的领导力项目，分别为"学前教育专业人员"（Early Years Professionals，简称EYP）项目和"国家综合中心领导力专业资格"（National Professional Qualification in Integrated Centre Leadership，简称NPQICL）项目，她还负责硕士课程"学

---

① 自2018年6月起，伊兰·西拉杰-布拉奇福德教授供职于牛津大学，任幼儿发展与教育专业教授。资料来源：http://www.education.ox.ac.uk/people/iram-siraj/.——译者注
② 伊莱恩·哈利特博士目前已经退休。资料来源：https://us.sagepub.com/en-us/nam/author/elaine-hallet.——译者注

前教育服务领导政策与实践"的教学工作。通过基于工作的反思性学习以及作为研究生学前教育领导者在学习领导力中的角色，伊莱恩也对预科学位^①（foundation degree）毕业生的持续性专业发展进行了研究。

---

① "预科学位"由英国于 2001 年提出，为高等教育中学术和职业资格相结合的学位，学制一般为两年全日制或更长时间的非全日制。依据《英国国家资格框架》（National Qualification Frameworks in the United Kingdom），预科学位（第 5 级）的等级低于学士学位（第 6 级）。——译者注

致　谢

　　本书收录了许多学前教育领域的女性领导者的声音，这些领导者慷慨地允许我们分享她们有效且充满关怀的领导力实践，其中包括：艾莉森·毕晓普（Alison Bishop）、埃玛·鲍厄里（Emma Bowery）、艾莉森·埃文斯（Alison Evans）、弗罗伦丝·E.弗莱彻（Florence E. Fletcher）、阿曼达·霍尼曼（Amanda Horniman）、安妮塔·麦克凯尔维（Anita McKelvey）、玛丽亚·梅雷迪思（Maria Meredith）、米歇尔·帕尔塞尔（Michelle Palser）、玛丽安娜·拉普索马尼基斯（Marianna Rapsomanikis）和马格斯·拉特福德（Mags Ratford）。同时，感谢"学前教育实践中的学习领导力"（Leadership of Learning in Early Years and Practice，简称LLEaP）项目的专业人员，他们帮助我们理解了私立机构、慈善机构、独立机构以及格洛斯特（Gloucester-shire）郡级议会资助的儿童中心等机构中的领导力。另外，我们特别感谢"学前教育中的有效教学法研究"（Researching Effective Pedagogy in the Early Years，简称REPEY）项目和"学前教育中的有效领导力研究"（Effective Leadership in the Early Years Sector，简称ELEYS）项目的相关从业人员、教师和领导者，他们帮助我们理解了学前教育领域与学校教育中的领导力。我们还要特别感谢"有效学前教育"（EPPE）项目的研究人员，尤其是凯茜·西尔瓦（Kathy Sylva）、特德·梅尔休伊什（Ted Melhuish）、帕姆·萨蒙斯（Pam Sammons）、布伦达·塔格特（Brenda Taggart）和劳拉·曼尼（Laura Manni），他们帮助我们在"学前教育中的有效领导力研究"（ELEYS）项目中遴选并确定了本书所提到的学前教育中心，并支持我们在此开展数据收集和分析工作。最后，伊莱恩特别感谢家人在此书完成过程中给予的支持，以及伊兰发起了此次写作。

前　言

对于出版有关领导力的图书而言，总有一个"合适的时机"。而本书的出版绝对是"生逢其时"，它能帮助我们更好地理解何谓学前教育阶段的杰出领导力；还能帮助我们更深刻地认识到，领导者的行为举止、评估和自我发展的能力是推动学前教育机构从良好走向卓越的关键。因此，我们在本书中提出了一个经过清晰界定并经过研究证实的论点，让我们确信"关怀领导力"（caring leadership）可以创建出一种让人感受到尊重、鼓舞但同时具有挑战性的环境，这一环境对于学前教育领域在教学法和儿童发展成果上保持持续性高成就与持续性改善来说至关重要。

从本质上来说，本书谈论的是如何构建学前教育机构中的健康情绪，以便营造一种关怀人、发展人的文化，并借助案例说明这类学前教育机构比那些不懂关怀的机构更容易取得成功。无论读者是一位候选的或在任的领导者，一位学者，还是一个"感到好奇与着迷的个体"，本书的内容都将引发讨论，激荡思维，并启发对实践的反思，为后续的深入研究指引方向。此外，本书同时具有合理性和完整性，无论读者处于其领导力旅程的哪一个阶段，都能从中获益。

作为专业领导者，我们一直坚持关注为最年幼的孩子们创设"优质的教与学的机会"的核心要素，同时思考怎样进一步完善它们。我们认识到，我们有责任定义并阐明与"质量"相关的内容。因此，本书强烈建议"质量"应包括对有效且充满关怀的领导力，以及这种领导方式对儿童全面发展潜在影响的探究。在学前教育领域，我们有时会面临如下两难境地：如何在保持关怀领导力（即避免耗尽人们的精力，遏制他们的热情）的同时，履行提升质量的责任（例如解决业绩不佳等问题）。此外，我们也受到捍卫问责制的需要的驱使（管理不善会导致威胁性和侵略性局面产生。在这种局面下，往好里说，队伍心灰意冷；往坏里说，队伍会在悄无声息间被彻底打败）。

　　本书的独特之处在于，邀请了领导者们反思自身的领导力行为与观念，并呼吁思考高效领导者的性格与态度特点，以及这些特点如何激发并影响个人与专业的发展。本书鼓励人们跳出传统的思维界限，打破自身与机构环境的限制，从"宏观"层面上思考最有效的领导力类型。同时，书中蕴含的国际化视野鼓励读者以更广阔的视角来看待世界各地的领导力的发展，通过文字与图像的双重渠道帮助读者拓展领导力视野。这种全球化视野带来了一个令人兴奋的维度，因为我们可能会拥有更大的自主权，能够在一个中央控制更少的经营背景下，鼓励地方部门的领导和自主决策。

　　此外，本书的案例研究展示了实践领域真实的声音，这些案例详细阐述了专业传承和个人经历如何影响"关怀领导力"的发展。对于新进入学前教育领域的成员而言，这能使其快速了解学前教育领域中早期领导力的多面性、复杂性和综合性。而对于那些学前教育领导者来说，这不仅能唤起他们对领导力实践的共鸣和脑洞大开的灵感，还能使它们提出并反思一些有争议的问题。

　　本书的两位作者有着明确的志向，即支持拥有有效和关怀领导力的学前教育机构的发展。而这种领导力具体体现在：热心地履行对团队的承诺，充满智慧，并从不同角度看待现实。最终，这些领导者会认识到，若想给儿童提供发展、学习和成长的最佳机会，儿童身处的学前教育机构必须是非凡且让人愉快的场所。而令人激动的是，在本书展示的学前教育机构中，部分案例表现极为出色，而它们杰出且持续的成功源于对所在机构的各个组织层级都践行了关怀领导力。这些机构已经率先获得了巨大的飞跃，而且仍在探索怎样能让它们的运作更加高效。这些机构能在巨大的变革中成功运营在于它们创设出了一种环境，在这种环境下，一些最佳的领导力行为，如勇气、信任和可靠性，能够蓬勃发展，而那些不太有益的标志则可能会被甄别、抵抗和消灭。这样的领导力能够在快乐且富有创造力和同情心的孩子身上体现出来，而在这种环境中成长的孩子，能够充分利用每一个机会，并从他们的童年经历中收获更多。这无疑是学习和关怀的终极测量尺度！

苏·埃格斯多夫（Sue Egersdorff）

国家教学与领导力学院 ① 学前教育主任

帕姆·芒迪（Pam Mundy）

世界班级学习小组（World Class Learning Group）质量保证与专业发展主任

---

① 国家教学与领导力学院（The National College for Teaching and Leadership，简称 NCTL）原为英国的一家行政机构，于 2013 年 3 月 29 日至 2018 年 3 月 31 日期间履行教师监管等职能，现已不复存在。其原有职能已转移至教学监管局（Teaching Regulation Agency，于 2018 年 4 月 1 日开始运作）、教育部。——译者注

缩写词表

CCSK	Common Core of Skills and Knowledge for the Children's Workforce 《儿童教育工作者的通用核心技能和知识》
CGFS	Curriculum Guidance for the Foundation Stage 《基础阶段课程指南》
CPD	Continuing Professional Development　持续性专业发展
DCSF	Department for Children Schools and Families 儿童、学校和家庭事务部
DfE	Department for Education　教育部
DfEE	Department for Education and Employment　教育与就业部
DfES	Department for Education and Skills　教育与技能部
ECE	Early Childhood Education　早期儿童教育
ECM	Every Child Matters　《每个儿童都重要》
ELEYS	Effective Leadership in the Early Years Sector (ELEYS study, Siraj-Blatchford and Manni, 2007) 学前教育中的有效领导力研究
ELMS-EY	Effective Leadership and Management Scheme for the Early Years 学前教育中的有效领导力与管理评估工具
EPPE	Effective Provision of Pre-school Education (the EPPE project) 有效学前教育
EPPSE	Effective Pre-school and Primary Education (3–11) (the EPPSE 3–11 project) 有效学前与小学教育（3—11 岁）

EYFS	Early Years Foundation Stage　学前教育基础阶段
EYPs	Early Years Professionals　学前教育专业人员
EYPS	Early Years Professional Status　学前教育专业资质
EYTs	Early Years Teachers　学前教师
EYTC	Early Years Teaching Centre　学前教学中心
GP	General Practitioner　全科医师
ILP	International Leadership Project　国际领导力项目
ISSPP	International Successful School Principalship Project　国际成功校长项目
LLEaP	Leadership of Learning in Early Years and Practice (the LLEaP project) 学前教育实践中的学习领导力研究
NPQH	National Professional Qualification for Head Teachers 国家校长专业资格
NPQICL	National Professional Qualification in Integrated Centre Leadership 国家综合教育中心领导力专业资格
NVQ	National Vocational Qualification　国家职业资格
Ofsted	Office for Standards in Education　教育标准办公室
PE	Physical Education　体育
PTA	Parent–Teacher Association　家长教师协会
PVI	Private，Voluntary and Independent sector　私营、慈善和独立部门
QTS	Qualified Teacher Status　合格的教师资质（中小学教师资格证）
REPEY	Researching Effective Pedagogy in the Early Years (the REPEY study，Siraj-Blatchford et al.，2002) 学前教育中的有效教学法研究
SIP	School Improvement Plan　学校改进计划
SST	Sustained Shared Thinking　持续性共同思考

引 言

正如书名《学前教育中的有效领导力》所言，本书谈论的是学前教育机构中领导者有效和关怀领导力的实践，这些领导者与幼儿及其家庭、学前教育工作者（early years educators）、学校教师（teachers）、学前教师（pedagogues）、多机构专业人员和其他利益相关者一起工作。如今，市面上已经有很多讨论学前教育中的领导力和有效领导力的图书，那么，本书为什么将"关怀"与"有效"并置呢？

首先，"关怀"一词蕴含的伦理凸显了学前教育领域工作的本质，因此这种伦理本质也渗透至领导力，即关怀领导力。而"关怀"的伦理尺度涉及了促进、发展和维持一种关怀关系，这种关系涉及教职工、儿童、家长、看护人以及多机构专业人员，这种伦理尺度也能指导专业行为。以滋养人与关怀人的方式与幼儿一同工作的热情是在学前教育领域开展领导工作的驱动力。儿童的全面学习与发展是学前教育中关怀领导力的核心。此外，学前教育中的有效领导力应当提倡将关怀作为一项社会准则，致力于改善儿童及其家庭的教育、健康和社会成果，并促进学前教育工作者、学校教师、从业人员和学前教师的持续性专业学习与发展。

领导力是一种复杂现象。为了理解学前教育这一特定领域中的领导力，我们通过"学前教育中的有效领导力研究"（ELEYS）这一重要研究项目来揭示有效领导力的特殊性与典型特征（Siraj-Blatchford and Manni，2007）。有效领导力，特别是拥有研究生文凭的领导者的有效领导力，能对儿童的教育、健康和社会成就以及福祉产生积极影响。本书建立在"学前教育中的有效领导力研究"基础之上，并据此开发了第 2 章的有效和关怀领导力实践模型。

近年来，英国国内与国际学前教育领域都经历了广泛的改革和变化。因此在这一时期，写一本关于学前教育领导力的书是令人兴奋而富有挑战性的。与教育政策和劳动力相关的改革提升了学前教育的地位，使学前教育被视作幼儿学习和发展的重要阶段，并强调了与幼儿及其家庭一起工作的成人和领导者的价值。与此同时，人们对具体领导力实践的认识也逐步深入，例如，认识到了教学领导力（pedagogical leadership）能够促进儿童的学习与发展；认识到学习应处于学校、机构或儿童中心的核心地位，并建立学习共同体和实践共同体。而协作式领导力、赋权式领导力、分布式领导力和共享式领导力下的实践不仅能支持个体和机构的发展，也能提升领导力的水平和效益。此外，了解变革过程有助于领导者提升机构的系统性。而关系式领导力，即发展和维持关系，是有效领导力的关键。协作领导力、关系领导力、培育领导力和关怀领导力正在成为学前教育领导力的鲜明特征。

本书结构

本书的受众包括：在任的学前教育领导者及候选人、学习或研究学前教育与领导力的相关人员，以及与教师培训相关的人员。本书的各个章节旨在凸显和学前教育机构、学校与儿童中心提供的教育与综合服务有关的领导力议题。同时，本书更加清晰地阐释了有效和关怀领导力实践，以显著改善儿童和家庭服务的质量与成果。

本书中，作者交替使用术语"早期教育"（early years）和"学前教育"（early childhood），并将"学前教育"定义为 0—6 岁阶段。这与英格兰和国际的相关框架中，比如英格兰、苏格兰、欧洲其他国家和澳大利亚等国家与地区，对"早期学习"（early learning）的年龄区间（0—6 岁）的定义一致。

全书结构可分为三个部分，为有效和关怀领导力这一主题提供了一个紧密结合的框架，具体包括以下内容：

- 从理论、实践和研究视角进行的探讨；
- 学前教育领域中的有效和关怀领导力实践模型；

- 案例研究中的领导力实践，以及学前教育领导者的实践反思；
- 反思性问题：旨在促进在职领导者和候选人思考每一章的领导力主题以及自身的领导力实践；
- 每章结尾处的延伸阅读：旨在引导读者深入阅读相关材料，以扩展对本章所讨论主题和概念的理解。

本书共十一个章节，对学前教育领域中的有效和关怀领导力展开了连贯的讨论。每章都以前一章节为基础，但也可以视为独立的主题性章节进行阅读。在本书的第二部分，为了完整呈现学前教育领域中的有效和关怀领导力实践模型，共撰写了四个系列的章节，对每一领导力主题均用了两章的篇幅来阐述相关的领导力实践。在这一部分，读者既可以独立阅读各个章节，也可以两两一组阅读对应章节。

第一部分　学前教育中的领导力

第1章　学前教育的背景

本章通过以下方式呈现了学前教育领域有效和关怀领导力的背景：探索学前教育领域正在演变的领导力格局，讨论发展领导力的专业学习机会，考察领导力与管理之间的关系，探究学前教育领导力与众不同的特征。这种特征即学前教育的关怀伦理、包容式领导力、女性领导者以及综合教育实践中的分布共享式领导力。人们也认识到，学前教育机构、学校和儿童中心的领导力对于提升儿童教育、健康和社会成果的标准与质量至关重要。

第2章　研究背景

本章考察了学前教育领域与领导力相关的学术研究。具体讨论了如下三项研究："学前教育中的有效教学法研究"（REPEY）、"学前教育中的有效领导力研究"（ELEYS）、"学前教育实践中的学习领导力研究"（LLEaP），描述了其研究设计、研究方法与主要发现，并确定了学前教育领域的有效和关怀领导力的要求、特点与实践内容。

第二部分　学前教育中的有效领导力

导读

本书的第二部分主要介绍了学前教育有效和关怀领导力的实践模型。具体包括四大领导力主题——定向领导力、协作领导力、赋权领导力和教学领导力，以及八项领导力实践——发展共同愿景、促进有效沟通、增强团队文化、深化家长协作、促进他人的主体性、领导变革进程、引领学习和反思性学习。这四大领导力主题和八项领导力实践为学前教育领导者进一步了解学前教育领导力现象提供了框架。

第3章　定向领导力：发展共同愿景

本章定义了有效和关怀领导力中的"定向领导力"这一主题，并探讨了发展共同愿景的领导力实践。本章提出，领导者形成并准确阐述共同愿景的能力是定向领导力的核心，这种能力为学前教育机构、儿童中心和学校的相关政策、服务供给和实践指引了目标明确的路径。本章讨论了定向领导力中共同愿景的形成和发展，提供了一个定向领导力的实践案例，使读者有机会反思定向领导力，以及如何发展共同愿景。

第4章　定向领导力：促进有效沟通

本章讨论了学前教育有效和关怀领导力的"定向领导力"这一主题中"有效沟通"的领导力实践。领导者和所有利益相关者（包括儿童）有效沟通的能力与准确阐述愿景的能力紧密关联，有效沟通的能力能够影响他人并提升政策、服务供给和实践的一致性。本章探讨了定向领导力下的有效沟通，思考了积极倾听在有效沟通中的作用，考察了领导力层面的情绪智力，使读者有机会反思定向领导力中的有效沟通。

第5章　协作领导力：增强团队文化

本章定义了有效和关怀领导力中"协作领导力"这一主题，并探讨了增强团队文化的领导力实践。本章强调了增强团队文化的重要性，指出了学前教育机构、学校和儿童中心的成功有赖于组织机构内外关系的建立与维持。此外，本章提供了多个领导力实践案例和反思性问题，使读者有机会反思协作领导力，体验团队文化，并进行团队合作。

第6章　协作领导力：深化家长协作

本章讨论了在学前教育有效和关怀领导力的"协作领导力"这一主题中，深化家长协作的领导力实践。通过领导力实践的多个案例，讨论并说明了在学前教育、家庭教育、衔接阶段以及在学前教育机构、学校和儿童中心中，领导者促进家长的协作式参与并与家长建立合作关系的重要性。本章使读者有机会反思该如何与家长一起开展工作，并采用协作的方式引导家长参与。

第7章　赋权领导力：促进他人的主体性

本章定义了有效和关怀领导力中的"赋权领导力"这一主题，并探讨通过变革式领导促进他人主体性的领导力实践。领导者影响和赋权他人的能力是一项核心的领导力实践。通过分布式、共享式和变革式领导，这种领导力实践有助于构建组织内个体的领导能力和影响力，同时促进机构的未来发展。通过实践案例和反思性问题，读者有机会反思赋权领导力，以及如何促进他人的主体性。

第8章　赋权领导力：领导变革过程

本章探讨了学前教育有效和关怀领导力的"赋权领导力"这一主题中，领导变革进程的领导力实践。学前教育机构、学校、儿童中心和相关服务机构的领导者需要掌握的一大关键技能就是能够理解变革进程，并领导、实施和维持变革，这种变革是由内外部条件共同激发和要求的。当前的学前教育部门越来越关注领导层人员，并强调对其的问责，在这一变革背景之下，领导组织内部变革的能力就变得越发重要。本章思考了引导组织内部进行变革的过程，探讨了领导变革进程的催化式领导，并讨论了学校改革中的系统领导力。通过实践案例和反思性问题，读者有机会对赋权领导力与如何领导变革进程进行反思。

第9章　教学领导力：引领学习

本章定义了学前教育领域中有效和关怀领导力背景下"教学领导力"这一主题，将学习置于学前教育组织的中心，探索了最广义视角下引领学习的领导力实践。此外，本章还定义了教学法和教学领导力，审视了教学领导力及其对学前教育服务的质量、教学法和实践的作用，检验了研究生文凭的教学领导者的发展和作用，并对基于实践的学习共同体进行了思考。通过实践案例和反思性问题，读者将有机会思考教学领导力和引领学习方法。

第 10 章　教学领导力：引领反思性学习

本章探讨了学前教育有效和关怀领导力的"教学领导力"这一主题中，引领反思性学习的领导力实践。本章讨论了一个被普遍接受的观点，即反思性实践和协作式对话对促进工作人员持续性的专业性学习与发展具有重要价值。基于提升服务质量的目的，本章考虑了持续的专业学习与发展之间的关系，探讨了教学领导者如何为反思性对话和学习提供机会。为了实践的进一步发展，本章还考察了如何督导教育实践以及提供反馈和指引的方法。通过实践案例和反思性问题，读者有机会反思自身的教学领导力，以及如何引领反思性学习。

第三部分　反思性领导力

第 11 章　领导力故事

本章为全书的总结性章节，通过叙事性探索（narrative exploration）呈现了领导者们真实的领导力经历，展示并阐明了有效和关怀领导力实践。三位学前教育领导者分享了自身领导力旅程的自传性反思故事，以及对自身的领导者身份、领导力风格与领导力实践的理解。这三位领导者的故事生动呈现了前文讨论的学前教育领域中的有效和关怀领导力实践模型，即定向领导力、协作领导力、赋权领导力和教学领导力的主题与实践。这也为在职的领导者及候选的领导者提供了机会，来讲述并反思自身的领导力经验故事。

第一部分
学前教育中的领导力

导读

第一部分的两章分别提供了学前教育中的领导力的背景信息，以及来自学术文献和重要研究的理论基础。文献和研究的结果表明，领导力对提高儿童的学习标准和教育成果具有重要意义。领导力是一种复杂的现象，而在学前教育情境中，领导力的复杂性和独特性正逐渐得以揭示。在第一部分，作者通过参考自身和该领域其他学者的研究，形成了对学前教育中的领导力的讨论，这也为后续章节提供了背景基础。

正在形成的领导力研究格局犹如重峦叠嶂，而学前教育中的领导力研究就像是一条蜿蜒其中的河流。本部分讨论结合了英国国内和国际的双重视角，将学前教育中的领导力置于全球概念版图之中，并用这两种视角理解学前教育中的领导力的独特性。此外，这部分讨论还探索了科学研究如何启发并塑造了我们对学前教育领导者的行为与实践的理解。本书的第一部分在学前教育的背景框架下界定并讨论了有效和关怀领导力实践，在第二部分又做了进一步的讨论与反思，形成了学前教育中的领导力这条支流。

第1章
学前教育中的领导力：
学前教育的背景 ①

本章概览

　　学前教育机构、学校和儿童中心的领导力被认为是提高儿童的教育、健康和社会发展成果的标准及质量的重要因素。在为年幼儿童及其家庭提供更高质量服务的进程中，有效和关怀领导力是正在演变的重要领域。本章讨论了学前教育情境下，领导力的发展现状和独特性。

　　本章将：

- 探索学前教育领域领导力的发展现状；
- 讨论发展领导力的专业学习机会；
- 考察领导力与管理之间的关系；
- 思考学前教育情境下的领导力的独特性。

发展中的领导力现状

　　领导力是一种复杂的现象，关于领导力和领导者的概念有众多的定

---

① 在学前教育领域，各国所用术语的标准与定义不尽相同。本书语境即英格兰所使用的术语 "the early years" 对应翻译为 "幼儿教育与保育"；而美国使用 "early childhood education"，即学前教育；北欧国家使用 "early childhood education and care"，即幼儿教育与保育；东南亚国家使用 "early childhood care and education"，即幼儿保育与教育；而我国主要使用 "学前教育"。——译者注

义。而领导力（leadership）、领导（leading）和领导者（leaders）等术语通常被互换使用。从本质上讲，领导力可以被描述成一种有目的的、积极的活动（Fitzgerald and Gunter，2008）。有效的教育领导力、教师领导力和学校领导力与改进学校、提升儿童和青少年的积极教育成果的关系已经得到了证实（Bush et al.，2010）。举例来说，在澳大利亚昆士兰州学生教育成果提升的案例中，某些领导力实践与这一结果直接相关并对其起到促进作用，林加德等人（Lingard et al.，2003）将这些领导力实践视为富有成效的领导力（productive leadership）。斯塔拉特（Starratt，2003）认为，当一个组织的领导力重心从个体独自的领导力转变为学习和共享分布式领导力时，这种转变会将学习者置于组织的中心，并将学习、领导者和领导力相互联结起来。

基于领导力对儿童的教育、健康、社会性和福利结果的影响，在学前教育机构和儿童中心的更大背景下，学界对领导力的理解正在不断发展（Rodd，2013；Siraj-Blatchford and Manni，2007；Siraj-Blatchford et al.，2002）。新兴的一种理解认为，领导力是一个关系化的、共有的概念，在共享分布式领导下，所有人都可以成为领导者，可以参与领导力实践并从领导力中获益，还可以行使权力，发挥个体的主体性（Fitzgerald and Gunter，2008）。领导力是变革性的，为个体赋权的。格林列夫（Greenleaf，2003：15）强调，"真正的领导力源于那些以帮助他人为首要动机的人"。

对学前教育领导力的全球化理解，以及领导力与专业性的关系正以一种"自下而上"的视角发展（Dalli，2008）。在英格兰，有研究生文凭的"学前教育专业人员"（Early Years Professional，简称 EYP）在其专业地位受到全国范围认可的同时也扮演了教学领导者的角色。这不仅将学前教育从业人员的领导力与专业化联系起来，也与从业人员的地位提升相联系。此外，杜恩（Duhn，2011：141）认为，专业性和领导力与学习自我（learning self）密切相关。埃尔斯沃思（Ellsworth，2005）将学习自我理论化为行动和经验，并提出，专业自我（professional self）和个体自我（personal self）在持续性专业化的"知识形成"过程中相互重构。领导力和学习不断重构出新的领导力，同时，这二者也是专业性的一个方面。

领导力理论，个性，行为、情境和转型理论已经帮助人们形成了对领导力的一定理解（Whalley，2011a）。与此同时，文化和背景层面的因素也会影响领导力风格及其实践。"国际成功校长项目"[①]（International Successful School Principalship Project，简称 ISSPP）（Moos et al.，2008）旨在发现对于地理区域不同、社会经济背景不同的学生来说，何谓成功的学校领导力实践。在这一项目中，学校领导力下的"成功"是一个情境化和关系化的概念，指向参与案例研究的学校内部的多种视角。此项目研究发现，在绝大多数学校中，校长一人决定发展方向；在部分学校中，校长形成发展方向；而在另一小部分学校中，发展方向则是对话、共享式感知和知识创造的产物。

在斯堪的纳维亚半岛上，民主原则也适用于学校领导力。例如，在瑞典，许多学校组建了教师团队，使教师能分担责任并享有决策权。在澳大利亚塔斯马尼亚岛，校长在负责制定方向的同时，也致力于构建共治与合作的文化。在中国，学校教育系统中的领导者有等级之分，是严格的自上而下的团体。政策和决策由学区层面制定，通过自上而下的方式由较低层级的行政主管负责实施，而中国的学校也以类似的方式运转。在美国，纽约州的学校关注学生的表现标准（performance standards）。为了监管学生的学习进程，学校提倡教师的协作式对话和共享式学习。领导力被分享给教师团队，以便大家共同进行学校规划和决策。而在英国，为了提高学生的学习成果，校长设定了学校的发展愿景。校长为学校发展和教育设定了愿景与方向，并将实现这些愿景的任务和责任下放至教师团队。

学前教育在全球范围内的发展表明了世界部分地区的学前教育服务的性质正在发生变化，同时也表明了领导力的性质和对其的理解也在演变中。虽然各国之间存在着情境性差异，但学前教育阶段中儿童的学习与发展仍然引发各国的兴趣。此外，对这一教育阶段重要性的认同是推动其成为服务和供

[①]　"国际成功校长项目"是一项研究"成功校长"的项目，自 2001 年由英国诺丁汉大学提出以来一直实施至今。最初参与研究的国家仅有中国、美国、澳大利亚、英国、瑞典、挪威、丹麦、加拿大 8 个国家，随着项目的推进，目前参与国已达 25 个。该项目主要探讨不同社会经济文化背景下的中小学成功校长的品质特征、能力及行为特点；研究这些品质和行为特征如何影响学生的学习；成功校长在不同的政策和社会背景下实施领导活动所应用的知识、使用的技能和策略部署有何不同；在规模、地理环境以及经济水平具有较大差异的学校中，成功校长具有哪些独特的行为特征；探究不同的成功校长的价值观以及学校所处社会背景与学校成就之间的关系。——译者注

给变革的主要因素（Chan and Mellor，2002）。

领导者经常未经培训就担任领导角色（Aubrey，2011），而且从国际视野来看，对领导者的专业资质要求也不尽相同。澳大利亚、新西兰和一些欧洲国家的学前教育从业者在担任领导岗位时，其资质要求各异，包括大专文凭、学士学位、硕士学位和教师资格（teaching qualifications）等。其中，在澳大利亚，大多数学前教育从业人员都是有资质的教师（Jonsdottir and Hard，2009）。在新西兰，学前教育机构中教育和保育相结合的综合性服务由教师提供（Dalli，2008）①。在冰岛，虽然许多园长教师（head teachers）拥有一年制的领导力研究生文凭，还有一部分拥有硕士学位，但仅有极少数的从业人员具备与领导力相关的特定资质（Jonsdottir and Hard，2009）。② 表1.1列出了欧洲各国学前教育服务中用于描述从业人员岗位名称时所使用的一系列术语，这些从业人员与0—7岁儿童一同工作（Oberhuemer et al.，2010）。

表 1.1　欧洲学前教育的岗位名称

国家	岗位名称
奥地利	幼儿园教师（Kindergarten pedagogue）
比利时	社会教学法的专业人员（Social pedagogy professional） 婴幼儿的专业人员（Infant-toddler professional）
捷克	教师（Teacher）
丹麦	学前教师（Pedagogue）
法国	幼儿园教师（Pre-primary teacher）
爱尔兰	小学教师（Primary school teacher） 学前教育的初级从业人员（Basic practitioner in early childhood/care） 学前教育的中级从业人员（Intermediate practitioner in early childhood/care） 学前教育的熟练从业人员（Experienced practitioner in early childhood/care） 学前教育的高级从业人员（Advanced practitioner in early childhood/care） 学前教育的专家级从业人员（Expert practitioner in early childhood/care）

① 在新西兰，学前教育机构以小规模机构为主，不需要专门的园长，教师承担领导职责。——译者注
② 冰岛以小规模学前教育机构为主，不需要专门设置园长岗位，教师往往承担了园长的职责。——译者注

续表

国家	岗位名称
意大利	学前教师（Early childhood education teacher） 社区幼儿助理（Assistant in community work with young children） 教育工作者（Educator） 综合教师（Integration teacher）
罗马尼亚	学前与小学专业人员（Pre-primary and primary school professional）
西班牙	学前教师（Teacher in early childhood education） 学前教育的资深专家（Senior specialist in early childhood education）
瑞典	幼儿教师（Teacher of young children）

在所列的众多名称中，学前教师（pedagogue）[①]、学校教师（teacher）和专业人士（professional）是相对常见的术语，但很明显都缺少了"领导者"一词。此外，英格兰使用的岗位名称较为庞杂，如保育学校看护人（nursery nurse）、助教（teaching assistant）、学校教师（teacher）、学前教育专业人士（Early Years Professional）和学前教育从业人员（Early Years Practitioner）等。这些岗位名称使人对学前教育领域工作人员的任务和职责更加感到困惑。在关于学前教育和托管服务人员资质的《基础阶段质量报告》[②]（DfE，2012：46）中，纳特布朗为该领域内有资质的工作人员提出了一系列新的岗位名称：（1）学前教育从业人员（Early Years Practitioner），3级资格；（2）学前教育高级从业人员（Senior Early Years Practitioner），4级及以上资格；（3）学前教育专业人士（Early Years Professionals，简称EYPs），即具有学前教育专业资质（Early Year Professional Status，简称EYPS）的研究生；（4）学前教师（Early

---

① pedagogue，是北欧语境下对教师的一种传统称呼。区别于educator（教育者），pedagogue在资质和职位上往往高于educator，且不仅负责教学，更关注幼儿整体的一日生活。——译者注

② 《纳特布朗评论：基础阶段质量报告》（Nutbrown Review：Foundations for Quality report）是由英国教育部于2012年6月颁布的一份关于学前教育与托管服务人员资质的独立审查报告。该报告由凯茜·纳特布朗（Cathy Nutbrown）教授主持，提出了师资队伍质量是学前教育发展的一大关键因素，指出了英国当时的资质体系并没有为从业人员提供明确系统的知识、技能等要求和培训，描述了队伍所面临的困境，并对政府如何建构和完善教育与保育资质体系，促进该领域队伍的专业发展提出了相应建议。——译者注

Years Teachers，简称 EYTs），即具有合格教师资质（Qualified Teacher Status，简称 QTS）的研究生。[①] 而这些职位的教学领导力任务为：学前教育从业人员领导一个班级的实践，学前教育高级从业人员领导多个班级的实践，学前教育专业人士（EYPs）领导一所机构的实践，而有资质的学前教师（EYTs）则负责该机构全方位的教学领导力，所有人员都直接与儿童及家庭一同开展工作。纳特布朗指出，这些人员在支持与监督没有资质或资质较低的工作人员方面负有领导责任。《特拉斯报告：更优质的幼儿保育》（*Truss Report: More Great Childcare*，简称《特拉斯报告》）[②]（DfE，2013）对纳特布朗提议的岗位名称进行了调整，包括使用"学前教育工作者"（early years educator）[③] 指代达到 3 级资格的从业人员，使用"学前教师"（Early Years Teacher）指代有研究生文凭的领导者。新的岗位名称把从业者的角色重点从实践转向教育。

英格兰的"有效学前教育项目"（EPPE）研究发现，由具有研究生学位的工作人员领导幼儿园时，幼儿园的教育质量更高，儿童的认知发展结果也更好。同时，资质较低的员工会从和资质较高的员工一起工作中受益（Oberhuemer et al.，2010）。此外，美国的诸多研究（Barnett，2004）对工作人员的资质水平和学前教育（Early Childhood Education）服务质量之间的关系进行了探究，发现工作人员的受教育水平和学前教育专业资质这两大因素能够有效预测师幼互动质量，以及儿童的学习和发展质量。

英国政府在《特拉斯报告》中提出的改革建议（DfE，2013）表达了对学前教育研究生领导者作为学前教育专业人士（EYPs）对教育质量提升所做贡献的认同，并指出了其社会地位较低的现实困境。英国政府计划吸引更多的研究生进入学前教育领域。依据改革建议，学前教育专业人士（EYPs）和学前教师（EYTs）均承担教学领导者的角色。学前教师（EYTs）将被引入

---

① 见译者序。——译者注

② 《特拉斯报告：更优质的幼儿保育》由卡梅伦政府于 2013 年颁布，由时任教育大臣伊丽莎白·特拉斯（Elizabeth Truss）主持，旨在提高学前教育质量，促进学前教育均衡发展。该报告主要从"提高学前教育工作人员的地位和资质""为幼儿提供更充足的免费学前教育机会""加强对学前教育的监管，给予幼儿父母更多、更适宜的选择"四个方面，介绍了政府为提供更优质的幼儿保育采取的政策。——译者注

③ 学前教育工作者指的是在英国学前教育合格教师资质体系中，达到 3 级资格的从业人员，相关从业人员需要接受 2 年以上高中教育，并达到 GCSE 数学和英语的标准。——译者注

"学前教育专业资质"（EYPS）项目，而在职的学前教育专业人士（EYPs）则将等同于学前教师（EYTs）——学前儿童发展的专家。学前教师将被视为与拥有中小学教师资质（QTS）等同。纳特布朗（Nutbrown，2013）本人在回应《特拉斯报告》时认为，这一调整将导致有和没有中小学教师资质的学前教师群体之间在地位与薪酬上的不平等。《特拉斯报告》（DfE，2013）引入了"学前教育工作者"和"学前教师"的术语，这一举措突出了政府对儿童的教育、学习和研究生教学领导力的重视。

与此类似，学前教学中心（Early Years Teaching Centres）也在提倡地方当局关注教学、学习和指向学习的领导力。这些教学中心通过整合培训、支持和展示优秀实践，提供了有效的教学领导力。已有研究表明（Pen Green，2012），这种通过实践共同体开展专业学习的模式正在提升机构及学前教学中心所在地区的儿童发展结果。

学前教育中的领导力的发展

多年以来，领导力一直存在于英格兰的保育学校（nursery and infant schools）中，在托儿所由校长和副校长执行，而在托儿班和托儿机构中由教师执行（Hallet，2013）[①]。由这些情境可以看出，领导力似乎应当发生于学校等教育性质的机构，但在以下强调保育和教育结合的学前教育机构中，领导

---

① 在英格兰教育体系中，日托中心（day nurseries）：接收 3 个月至 5 岁的儿童，一般每天至少提供 6 小时的服务，而且大部分都是全年全日制开放，多数私营，部分为国家公立。

托儿所 / 托儿班（nursery schools/class）：接收 3—4 岁儿童（及 2 岁的处境不利儿童）。通常每年开放 38 周，每天开放 6 小时，但提供全托的机构开放时间可延长至 10 小时（8：00—18：00），为公立或私营。

幼儿园（preschool）：原名为游戏小组（play groups），通常为 2—4 岁儿童提供半日服务，可由教堂或社区管理。

预备班（reception class）：附设于小学，每年开放 38 周。根据法律规定，儿童必须在 5 岁生日后的第一学期开始接受全日制教育，而不足 5 岁的儿童则进入预备班，因此，预备班的许多孩子仅有 4 岁。

儿童中心（children's centres）：于 1997/1998 年由确保开端项目引入，采用综合服务模式，将幼儿教育与父母的各种支持设施结合起来，大部分由公共、私营非营利机构组织。

儿童托管人（child minders）：即家庭日托，为 3 岁以下的儿童提供日托服务，也为学龄儿童提供托管服务，受与中心化早期儿童基础阶段服务相同的监管和检查框架的约束。——译者注

力却不为人所知：实施确保开端（Sure Start）项目的儿童中心，以及由私营、慈善和独立部门（Private，Voluntary and Independent sector，简称 PVI）管理的学前教育机构，例如游戏小组、幼儿园、母育学校（crèches）、全日制和时段制的托管机构。比起领导人事、资源和课程的领导者身份，许多教师和从业人员，特别是女性领导者，更偏好凸显自身的教学者身份（Rodd，2013）。尽管学前教育领域中的领导力已成事实，但似乎直到前些年才为人们所意识到（Bennis and Nanus，1997）。

面向实践领导者的领导力项目的引入为从业人员及教师提供了机会，使他们能通过高等教育机构获得国家认证的领导力培训课程。此类领导力培训课程包括：学前教育专业资质培训项目（the Early Years Professional Status training programme）、服务于综合儿童中心领导者的国家综合教育中心领导力专业资格（National Professional Qualification in Integrated Centre Leadership，简称 NPQICL）[①]，以及国家校长专业资格（National Professional Qualification for Head Teachers，简称 NPQH）[②]（NC，2010）。"有效学前教育"（EPPE）项目（Sylva et al.，2010）和与其相关联的"学前教育中的有效教学法研究"（REPEY）项目（Siraj-Blatchford et al.，2002）的主要发现之一是：在质量分数更高的学前教育机构中，其工作人员具有更高水准的专业资格（Cottle and Alexander，2012）。同时，在学前教育从业者的整个职业生涯中，学习领导力的重要性在于其有助于领导力的持续发展。澳大利亚的学校教育系统已经建立了一套领导力的连续性框架，支持领导者从候选人发展到领导角色的初级阶段，再到领导力的巩固和成长阶段，最后到取得卓越成就并过渡到其他角色的全过程（Anderson et al.，2007）。而在英国，国家教学与领导力学院（原

---

① "国家综合教育中心领导力专业资格"（NPQICL）项目是自 2004 年开始，由英国政府与国家学校领导力学院（National College for School Leadership）协作开展的一项有关英格兰学前教育领导者的培训计划。——译者注

② "国家校长专业资格"（NPQH）制度于 1997 年正式运行，2004 年成为法定资格证书，并于 2012 年初取消法定强制性。NPQH 既是校长的任职资格证书，也是一套系统的校长职前培训制度。它基于校长专业标准而设计，帮助有志于成为校长者获得所需的知识与能力，也为其未来的专业发展提供基准，确保校长能通过专业的领导为所有学生提供高质量的教育，从而提升整个国家的教育标准。——译者注

国家学校领导力学院）为那些领导者候选人和中层领导者提供了专业发展的项目。

　　英国政府的《儿童工作人员战略》(*Children's Workforce Strategy*)①（DfES，2005a）强调了培养更高素质的教育工作者的必要性，这对私营、慈善和独立部门（PVI）尤其重要。引入领导力培训的研究生课程，为私营、慈善和独立部门（PVI）的工作人员引入"学前教育专业资质"（EYPS），并将学前教育专业人员（EYP）这一岗位视为实践领导者，都是为了解决这一问题而实施的。学前教育工作者被视为公共部门中薪酬最低、地位也最低的群体（Miller and Cable，2008）。对此，来自"变革和研究生领导者基金"（Transformation and Graduate Leader Funds）(2006–11) 的政府资助为许多从业人员，特别是女性，提供了接受高等教育、完善专业资格的机会和拓展职业生涯的资金支持。而国家级纵向研究项目——领导力培训的研究生课程（EYPS）②项目的结果表明，领导力培训的研究生课程会影响领导者尤其是处于职业生涯早期阶段的领导者的实践（Hadfield et al.，2011）。

领导力和管理

　　学前教育机构、学校、儿童中心及其领导者自身的特点、质量和有效性不尽相同。领导者有责任对保育、健康和家庭支持的相关领域工作进行前瞻性的领导和管理，并把这些领域与教育、预算管理和信息报告相结合（Siraj-Blatchford and Manni，2007）。领导者还需要有效地管理、部署和培养具有不同专业视角、相关资质、经验水平且接受过专业培训的工作人员（Siraj-

---

① 《儿童工作人员战略》是由英国教育和技能部（DfES，2010 年后重组并入教育部）于 2005 年颁布的有关学前教育工作者的绿皮书。该绿皮书强调了学前教育工作者对于改善儿童和青少年的学习与发展成就具有重要作用，阐述了政府对构建世界一流的学前教育工作者队伍的愿景，指出了彼时培养学前教育工作者队伍的挑战，并提出了相应建议。——译者注

② 为推动学前教育教师队伍的专业化进程，英国政府设立了"学前教育专业资质"（EYPS）标准，要求教师接受 EYPS 培训后才可获得"学前教育专业资质"认证。目前，该培训已发展成为英国学前教育教师培训的主导项目，英国教育部发布的纵向研究报告肯定了 EYPS 培训对提高学前教育教师专业化水平的重要意义。——译者注

Blatchford and Manni，2007）。与此同时，领导者也需要承受源于公众的更强烈的问责与更大的压力，以实现更卓越的学前教育服务及儿童的健康、教育和社会成果（Aubrey，2011）。

领导和管理的多个方面可以整合为同一种功能，这些术语在学前教育中被互换使用，但通常强调的是管理者而非领导者的身份。西拉杰－布拉奇福德和曼尼（Siraj-Blatchford and Manni，2007：25）通过"学前教育中的有效领导力研究"（ELEYS）项目发现，管理者的角色往往优先于指导教学的领导者角色。因此，在管理一家机构时，取得领导与管理之间的平衡就显得尤为重要。

下文的案例研究源于"学前教育实践中的学习领导力"（LLEaP）项目。案例中，一家私营日托中心（day nursery）的学前教育领导者反思了团队高层的领导力和管理角色。

📁 案例研究：领导者的反思——领导和管理一家日托中心

莉萨是一家小型私营日托中心的所有者，这家日托中心就在她的维多利亚风格别墅的一楼。她反思了自己管理和领导这家日托中心的经验。

日托中心的领导和管理团队由三人组成：作为老板的我、经理休和副经理蒂娜。休和蒂娜两人分担了包含行政、财务和课程三方面的工作任务。蒂娜曾参加领导力培训的研究生课程，并带回了很多关于孩子如何学习与发展的想法和理论。作为学步儿班的主班老师（toddler room leader），她与孩子们一起尝试了许多新想法和新活动，她还会参与讨论自己及学步儿班其他工作人员正在做的事情。蒂娜开始在幼儿园的课程和学习中发挥领导作用，工作人员开始向她咨询关于儿童活动的建议。而作为副经理，蒂娜还要花时间完成行政工作，比如安排工作人员轮班、收取晚餐和旅行费用、采购资源等。在完成这些行政任务时，她就无法与孩子们一起工作。

我们的管理团队每周召开一次例会。会上，我们讨论了蒂娜发展专业知识对日托中心的服务质量和其他工作人员工作的影响。我们希望能给予蒂娜更多的时间，供她发展专业知识与技能。对此，我们一致同意蒂娜和休担任两个不同的角色，蒂娜的角色更强调课程领导力（curriculum leadership），休的角色更注重作为管理者的行政和财务工作。现在，她们有了特定的角色定位、新的岗位名称和新的岗位描述，这很好地反映了她们在日托中心负责的工作，即蒂娜被指定为课程领导者（curriculum leader），而休被指定为日托中心经理。这一调整使她们在担任两个平行的职位时，也能够以一种界限清晰又有所聚焦的方式一起开展工作。现在，作为学步儿班主班老师，蒂娜有时间基于儿童的学习和发展引导课程，也有时间通过引领团队会议指导和支持员工与幼儿及其家庭一起工作，进而引领整个日托中心的课程开发。相应地，休也有时间完成行政和财务任务，使日托中心的日常工作能顺利运转。此外，休还承担了预算监控工作，并负责向管理委员会和外部机构汇报工作，如教育标准办公室（Office for Standards in Education）。这两个平行但互补的角色使得日托中心能进行有效的领导和管理。

以上案例研究展示了领导力活动的一次组织结构重整。一直以来，杰出的领导力已经成为优质学校和优质学前教育服务的一大重要特征（Ofsted，2003; Sylva et al.，2010）。人们普遍认同，在对学校和儿童的影响方面，领导力的重要性仅次于课堂实践（Bush et al.，2010）。在中小学，强有力的领导和管理是有效学校的关键因素（Ofsted，2003）。而教育领导力（educational leadership）有助于改善组织的表现，提高学前教育供给的成果和质量（Muijs et al.，2004; Sylva et al.，2010），这些都会影响学前教育机构中的领导力。接下来，我们将探索学前教育机构中领导力的独特性。

学前教育中的独特领导力

领导力的多个特点和属性需要被进一步揭示与理解（Friedman，2007）。领导力这一概念由学校教育的领导模式发展而来。而领导力的层级概念会与唯一的领导力持有者相联系，这里的领导力持有者指有权单独领导、承担和执行任务的某一个体（Rodd，2013），也是众人追随并与其观点产生共鸣的有魅力的领导者。韦伯（Weber，1968：241）阐释道，一个"有魅力的"人具有非凡的、被赋予独特力量或品质的特定人格特质。基于这些人格特质，个体才有可能被视为"领导者"。

　　然而，这种根深蒂固的领导力观点正在发生变化。另一种领导力观点正从学前教育领域中兴起，即领导力是协作式的、关系式的、相互依存的，而非等级制的（McDowall Clark and Murray，2012; Rodd，2013）。学前教育领域中的领导力涉及关系式领导力，即一群人协同工作，以完成任务、实现目标，而不仅仅由一个领导者独立开展工作（Siraj-Blatchford and Manni，2007）。罗德（Rodd，2013）将学前教育领域的领导者定义为：能影响他人行为以实现目标或预期结果的人。这类领导者拥有一系列的特质、技能和能力，能够影响和激励他人自发地实现领导者的期望。这是通过领导者借助自己的特质使他人获得被信任感、被激励感和安全感来实现的。领导者负责制定并阐明一个共同愿景，设定并澄清目标、岗位角色及其责任，收集信息、制定规划和做出决策，并通过与员工沟通、鼓励员工和认可员工的投入与贡献让整个团队参与这一进程。领导力还涉及创造一种环境，在这种环境中，组织内的所有成员能在充满奉献、反思和挑战的氛围中尽其所能。领导力也是个人发展和专业学习与发展、组织变革与改进的过程。

　　作为实践领导者（Whalley，2011b），学前教育的研究生领导者（学前教育专业人员与学前教师，即 EYP 和 EYT）视领导力为学前教育机构中私营、慈善和独立部门（PVI）的一项重要影响因素。麦克道尔·克拉克和默里（McDowall Clark and Murray，2012）从学前教育领导力的视角进行了讨论，并指出领导力可以源于组织内部的任何地方，特别是在充满共享式和分布式领导力的"领导性社区"（leaderful community）机构环境中（Raelin，2003：44）。这一"内部领导力"（leadership within）的范式定义了学前教育中领导力的新概念，即全体成员共有的、基于群体的、共享式的领导力。有学者提出，"当拥有合理的认识、专业知识技能或主动性，以及识别并应对挑战和机遇的能力时，组织的任何层级都能形成非等级制的、灵活的、响应迅速的领导力"（McDowall Clark and Murray，2012：12）。在学校，领导团队具有等级性质，且由校长、副校长、助理校长、年级负责人、学科负责人和课程协调员组成；在私营、慈善和独立部门（PVI），则由游戏领导者、班级领导者、托儿所经理和管理委员会承担领导职责，私营、慈善和独立部门（PVI）中的许多小规模学前教育机构表现出的非等级制领导力可用"内部领导力"这一术语来解释。类似的包容式的民主领导力风格也在"学前教育实践中的学习领导力"（LLEaP）项目中得以体现（Hallet and Roberts-Holmes，2010）。《纳特布朗评论》（DfE，2012）将领导力视为包容式的，是由学校、学前教育机构与儿童中心的全体工作人员共同承担领导责任的一种能力。这一观点发展了可持续的领导力，并支持了学前教育机构、各类学校、儿童中心的系统性领导模式，而这一系统性领导模式正在基础阶段得以发展（NC，2012）。接下来，将探讨性别对包容式领导的影响以及女性领导者的独特性这两项议题。

包容式领导力（Inclusive leadership）

学前教育领域的绝大多数工作者是女性，平均占比高达98%，甚至99%，而具体的比例取决于学前教育机构的类型。人们普遍认为，与儿童尤其是幼儿一起工作是"女性工作"（Nutbrown，2012：41）。如今，在学前教育领域的劳动力构成方面存在着一些争议，如：严重缺乏男性工作者，黑人与少数族裔群体的数量不足（Nutbrown，2012），以及女性领导者的比例较低。可以发现，儿童的年龄越大，男性工作者的占比便越高，在小学工作的男性教师远多于学前教育领域（0—5岁），而从事0—3岁婴幼儿教育领域的男性工作者则更加稀少。此外，对儿童虐待的敏感以及对与儿童一起工作的男性的看法，都可能导致在该领域工作的男性遭受偏见和不信任，从而导致愿意成为学前教师或婴幼儿园教师、保育学校看护人、学前教育从业人员及教学助理的男性越来越少（Cushman，2005）。并且，人们普遍认为，学前教育领域的工作者社会地位和薪酬较低（Nutbrown，2012；Vincent and Braun，2010），这一观念也是该领域难以招聘多样化劳动者的重要因素。

与此同时，学前教育部门劳动力的人口学特征也反映在领导层中。从国际范围来看，学前教育是教育领域中唯一的女性领导者占绝大多数的领域（Lumby and Coleman，2007）。还存在一种趋势：在女性主导的领域中工作的男性更容易获得职业晋升（Lumby and Coleman，2007），并在学前教育机构、学校、儿童中心、私营日托组织和儿童服务机构担任领导岗位，甚至成为整个机构的最高级别的领导者。在英格兰，在小学任教的男性很可能晋升至高级职位。在日托中心和小学部门（primary sector），16% 的小学教师是男性，38% 的校长是男性（DfES，2004a）。在一篇关于英国、美国、澳大利亚和北欧国家从事儿童保育（childcare）工作的男性的文献综述中，卡梅隆（Cameron，2001：439）提出，当男性从事"女性工作"时，男性往往会获得比女性更好的薪酬待遇与工作机会。

造成学前教育领域工作人员性别失衡的社会文化因素多种多样。一篇关于工作中的女性领导者的文献综述表明（Coleman，2008），与领导力和家庭责任有关的"性别刻板印象"是与性别和领导力相关的刻板印象的一个组成部分。科尔曼（Coleman）总结了如下女性职业发展障碍。

- 男性化的工作文化，高层工作尤为明显；
- 性别刻板印象：将男性视为领导者，将女性视为支持者与培育者，因此导致女性是领导岗位的"局外人"；
- 家庭责任对女性工作能力的实际影响和预设影响。

对于领导力和谁应该成为领导者的刻板印象与假设影响了关于领导力的性别议题。韦耶（Weyer，2007）在综述女性领导力的"玻璃天花板"①的持续性时，识别出一种文化性的观点：领导是一项任务，需要被视为男性特质的行为来实现。米勒（Miller，2006）发现，英国文化中的刻板印象认为男性的领导行为具有较强的代表性，而女性则更适合具有较强培育性和支持性的公共角色。谢克沙夫特（Shakeshaft，1987）对教育领导力与管理进行性别化分析后指出，女性的领导力风格更具民主性和参与性，鼓励包容，并秉持一种更广博的课程观（view of the curriculum）。麦克道尔和默里（McDowall

---

① 玻璃天花板（glass ceiling）是一种无形的障碍，指没有明文规定却实际存在的对女性等群体职务升迁的限制。——译者注

clark and Murray，2012）指出，关怀伦理（Osgood，2004）蕴含于学前教育工作的性质中，是渗透至关怀领导力的一项决定性特征。然而，布莱克莫（Blackmore，1999）却认为，男性虽然公开认可了女性的领导特质，但这并不影响男性继续保持自身在领导力方面的优势。

领导力行为与特质存在与性别相关的刻板印象，但两性之间并不排斥这种领导力行为与特质出现在对方身上。具体而言，高效的领导者应该同时具备这些刻板印象中的女性化与男性化特质（Gilligan，1982），并在特定的情况和背景下有意识地做出适宜的领导力行为。女校长与男校长都渴望形成一种民主的、培育式的女性化领导力风格（Lumby and Coleman，2007），在学前教育领域尤其如此。领导者应结合感性（女性化的）和理性（男性化的）的工作方式，具备一系列广泛的领导力特质和行为（McDowall clark and Murray，2012）。

从领导力理论来看，对性别的研究还是一片空白（Runte and Milles，2006）。立场理论（standpoint theory）认为，受自身经历的影响，女性对世界和生活有着特定的且势必与男性不同的看法（Coleman，2011）。人们已经开始认识到女性领导者的领导力行为与特质。克里泽姆（Chrisholm，2001：398）提到了"母性女权主义"（maternal feminism）①，认为女性利用源于母性的经验与特质，在领导力风格、行为和特质中坚持了一种"强势女性"（strong woman）的版本，同时保持了滋养性、民主和自信。这种观点开始挑战领导力的传统观点，并重新定义了多样化领导者的领导力。通过本科生和研究生领导力项目，学前教育领域涌现出了许多女性领导者，如：儿童中心领导者、儿童服务机构的综合性实践领导者，以及日托中心、机构和学校的领导者。通过高等教育，通常仅在教育、健康和社会服务领域中发挥支持作用、充当"看不见的劳动力"的女性，现在正处于学前教育供给、服务与实践的领导前沿（Hallet，2013：10）。下文将讨论基于关怀伦理的价值基础的共享式和分布式领导力风格。

---

① 母性女权主义是许多早期女权主义者的信仰，认为妇女作为母亲和照顾者，在社会和政治中发挥着重要而独特的作用。——译者注

关怀领导力（Caring leadership）

在英格兰，传递多部门合作儿童服务理念的保育、教育和关怀领导力来自《朗博尔德报告：从质量出发》[①]（*Rumbold Report: Starting with Quality*）（DES，1990）。这一报告强调，在公立与私营、慈善和独立部门（PVI）的学前教育机构和学校中，3岁和4岁儿童的服务供给存在不平等。此报告建议施行保育与教育相结合的方案，并介绍了多机构服务中的"保教"（educare）这一概念（MacLeod Brudenell，2008）。《朗博尔德报告：从质量出发》还建议，学前教育领域要培养一支具备多学科知识与理解力的更高素质的劳动者队伍，以便与幼儿及家庭一起工作。而引入学前教育研究学士学位促进了整体性和综合性工作方式的发展，这一学位课程将健康、社会和教育的视角融入了与儿童及其家庭的合作中（DES，1990）。

英国政府公布的《每个儿童都重要：为儿童而改变》[②]（*Every Child Matters: Change for Children*）（DfES，2004b）制订了一大战略计划：在一个具有一致性的国家框架下，通过平等化和优化未来生活机会[③]的社会公平议程来整合所有与儿童、青少年和家庭相关的服务（Knowles，2009）。英国政府近期对学前教育供给的审查进一步增进了采取整体性多机构模式的服务供给。而关于健康不平等的《马蒙特评论》[④]（*the Marmot Review*）（Marmot，2010）指出，在诸多因素（住房、金融、教育和社会）之间存在复杂的相互作用，

---

① 《朗博尔德报告：从质量出发》由英国教育科学部（DES，1991年后复名为教育部）于1990年颁布，是一项关于国家和社会向3岁和4岁儿童提供的学前教育服务质量的独立审查报告。——译者注

② 《每个儿童都重要：为儿童而改变》是由英国教育和技能部（DfES，2010年后重组并入教育部）于2004年颁布的有关儿童学习与发展的绿皮书。该绿皮书提出要依据家庭背景、行为、特殊需要、身体和智力状况等因素来认定弱势和处境不利儿童，建立儿童数据库，并针对处境不利儿童的健康问题以及各种不良行为制订相应的计划和措施。绿皮书强调要展开多层次、全方位的服务整合，共同促进处境不利儿童的学习与发展。——译者注

③ 生活机会（life chances）是社会科学领域的一种概率性概念，由德国社会学家马克斯·韦伯（Max Weber）提出，指个体改善生活质量的机会。这种机会是指人们对资源的可获得程度，包括食物、衣物和住所等有形资源，以及教育和医疗保健等无形资源。——译者注

④ 《马蒙特评论》由英国卫生部于2010年发布，是由迈克尔·马蒙特（Michael Marmot）教授主持的一项有关降低英格兰健康不平等战略的独立审查报告。——译者注

而这些相互作用在很大程度上是可以预防的，而且，当前强有力的社会公平体系和经济发展情况可以妥善解决健康不平等问题（Marmot，2010）。《艾伦评论》①（the Allen Review）（Allen，2011：xi）进一步讨论了为幼儿和家庭提供的综合性服务：通过早期干预政策和相关方案，确保 0—3 岁儿童获得多机构的支持，这能够进一步为这些儿童提供"充分发挥自身潜能所需的社会与情感方面的坚实基础"。此外，探讨保护儿童与保障儿童权益（child protection and safeguarding children）的《芒罗评论》②（the Munro Review）认可了确保开端项目在提供早期干预、报告早期干预结果的过程中施行儿童中心和健康访问者服务的重要性。《菲尔德评论》③（the Field Review）（Field，2010：6）考察了贫困及其对儿童生活变化的影响，建议要更加关注和重视生命的最初阶段（即"基础阶段"所指的从母亲怀孕到幼儿年满 5 岁这一阶段），以加深对婴幼儿如何健康成长与发展的了解，同时建议要支持处于学前教育阶段的儿童及其父母，并确保这一阶段的儿童发展和相应服务能得到充分的支持与理解。"学前教育基础阶段"④（Early Years Foundation Stage，简称 EYFS）课程中关于早期教育部分的《蒂克尔评论》⑤（the Tickell Review）（Tickell，2011：

---

① 《艾伦评论》指英国国会议员格林汉姆·艾伦（Graham Allen）于 2011 年发表的两份独立审查报告——《早期干预：睿智的投资，大量的储蓄》（Early intervention：smart investment，massive savings）和《早期干预：后续步骤》（Early intervention：the next steps），谈论了早期干预对儿童学习与发展以及维持社会稳定的重要作用。——译者注

② 《芒罗评论：儿童保护》是由英国教育部于 2011 年发布的独立审查报告，由埃琳·芒罗（Eileen Munro）教授于 2010 年主持完成，旨在建议政府、服务领导者和专业人士等加大对儿童权益保障的关注和投入，以满足处境不利儿童与青少年群体的学习与发展需求。——译者注

③ 《菲尔德评论》由英国政府于 2010 年颁布，是由弗兰克·菲尔德（Frank Field）主持的一项有关贫困和生活机会的独立审查报告《基础阶段：防止贫困儿童成为贫困成年人》（The foundation years：preventing poor children becoming poor adults）。该报告考察了贫困及其对儿童生活变化的影响，建议要对"基础阶段"（Foundation Years）给予更多的关注和重视，倡导要给予学前教育阶段的儿童及其父母更大力的支持，并确保该阶段的儿童发展和相应服务得到充分的支持与理解。——译者注

④ "学前教育基础阶段"是英格兰政府于 2007 年确定的，旨在为 0—5 岁儿童的学习、发展和保育设定标准的综合法定框架。从 2008 年 9 月起，所有注册的学前教育提供者都必须遵循这一框架，该框架规定学前教育基础阶段的保教服务应是儿童及其家长的一项基本权利。——译者注

⑤ 《蒂克尔评论》指由英国教育部于 2011 年 3 月颁布的《学前教育阶段：生活、健康与学习的基础》（The Early Years：Foundations for Life，Health and Learning），由英国慈善机构"为儿童行动"（Action for Children）的首席执政官克莱尔·蒂克尔（Clare Tickell）主持，是有关"学前教育基础阶段"（EYFS）对儿童学习与发展以及对学前教育从业人员的影响的独立审查报告。——译者注

44）则建议，要进一步融合幼儿学习与发展的整体性本质。

在当前相关评论与政策发展的格局之中，儿童服务、儿童中心、学前教育机构与学校都迫切需要有效且具有关怀性的领导力。关怀伦理是该领域从业人员和领导者与幼儿及其家庭合作的基础（Osgood，2006），它有助于促进学前教育部门的关怀领导力实践。具体而言，关怀伦理包括建立并维护与儿童、父母、保育人员（carers）以及多机构专业人员的关怀关系，这涉及指导专业行为，并始终将儿童的福祉、利益和成果置于学前教育服务的中心地位。与幼儿一起工作的热情是在学前教育领域以培育和关怀的方式开展工作并进行领导的重要驱动力（Hallet，2013）。学前教育中的领导力应该将关怀视为一种社会性原则（McDowall Clark and Murray，2012），致力于改善儿童的教育、健康和社会成果。儿童的全面学习与发展是关怀领导力的核心，而关怀领导力则通过分布式和共享式领导力，在综合性实践中领导多机构团队。关怀领导力需要分布式和共享式的领导力风格。下文将讨论学前教育领域中确保开端项目儿童中心背景下的分布式和共享式领导方式。

分布式和共享式领导力

确保开端项目儿童中心整合了服务于 5 岁以下儿童及其家庭的各类项目，包括医疗、保育、教育、家长参与、家庭支持、父母就业等综合性服务，"提供愈加多样且优质的综合性服务的儿童中心正在改善儿童的成果"（DCSF，2007：3）。儿童中心领导者有责任领导这种由一系列繁多专业综合而成的服务。同时，具有不同专业背景的儿童中心工作人员（如助产士、就业顾问、健康访问员、健康护理员、演讲和语言治疗师、社会工作者、家庭支持人员、保育学校看护人）有助于为儿童及其家长提供一系列服务，以支持基础阶段的儿童及其家长的发展。儿童中心提供的服务项目包括：儿童保育、健康饮食计划、助产士预约、全科医生（General Practitioner）医疗预约、家庭支持（outreach family support）、早期干预计划、动静结合的（play-and-stay）活动内容、婴儿按摩课程、父亲小组、债务咨询和就业信息。

在为儿童、父母和家庭提供服务时，不同专业团体和机构的合作使综合性实践得以施行，儿童中心的服务也因此与众不同（DCSF，2007）。对儿童中心领导者而言，在一系列复杂的服务中开展领导与合作极具挑战性（Lord et al.，2011）。针对幼儿和家庭的多机构综合性服务的扩张，影响了学前教育部门领导者的领导角色、职位定义和人们对他们的期望（Pugh，2006）。领先的综合性实践工作已经导致人们对学前教育领导力的看法的改变，使其从儿童中心领导者作为唯一领导人员的模式，演变为中心各项服务内部和中心各项服务之间的分布式和共享式领导力模式。对儿童中心领导者来说，对所有的服务都做到了如指掌是不切实际的。对此，儿童中心领导者需要采取一系列策略来帮助儿童取得最佳的成果，进而引导员工们跨越专业界限，并在整个员工团队中分配领导权（Duffy and Marshall，2007）。同时，综合性实践需要适宜的领导方法，例如分布式和可持续性领导力为团队内分配和共享领导权提供了机会。对于中心提供的所有服务，儿童中心领导者应当发挥战略指导作用，包括推进中心的愿景，与整个员工团队共同发展，信任多专业团队与其团队领导者的专业知识与专业技能，并能在必要时以一种关怀和有效的方式提供适宜的支持，并向工作人员提出挑战（Duffy and Marshall，2007）。

☐ 本章小结

本章通过如下方式为论述学前教育中的有效领导力和关怀领导力提供了背景信息：探索了学前教育领域正在演变的领导力格局，讨论了领导力发展的专业学习机会，考察了领导与管理之间的关系，并思考了这一领域领导力的独特性——学前教育中的关怀伦理、包容式领导力、女性领导者及综合性实践中的分布式和共享式领导力。

→ 下一章将讨论学前教育中领导力的相关研究，并重点介绍有效的学前教育机构、儿童中心与学校的背景需求、特点和领导力实践。

延伸阅读 📖

Bloch, M.N.（2008）'Gender, work, and child care: crossing borders in the life and work of Sally Lubeck', *Journal of Early Childhood Research*, 6（1）：31– 45.

Coleman，M.（2011）*Women at the Top：Challenges，Choice and Change.* Basingstoke：Palgrave Macmillan.

Miller，L. and Cable，C.（eds）（2011）*Professionalization，Leadership and Management in the Early Years.* London：Sage.

Moyles，J.（2001）'Passion，paradox and professionalism in early years education', *Early Years*，21（2）：81–95.

Siraj-Blatchford，I.，Clarke，K. and Needham，M.（eds）（2007）*The Team around the Child：Multi-agency Working in the Early Years.* Stoke-on-Trent：Trentham Books.

第 2 章

学前教育中的领导力：
研究背景

本章概览

　　本章考察了关于学前教育中的领导力的学术研究，强调了在学前教育机构、儿童中心、学校中重要的领导力要求、特点与实践。本章讨论了以下几项研究：（1）学前教育中的有效教学法研究（Researching Effective Pedagogy in the Early Years，简称 REPEY）；（2）学前教育中的有效领导力研究（Effective Leadership in the Early Years Sector，简称 ELEYS）；（3）学前教育实践中的学习领导力研究（Leadership of Learning in Early Years and Practice，简称 LLEaP）。

本章将：

- 描述学前教育领域上述三项领导力研究的研究设计、研究方法和主要发现；

- 确定学前教育中的有效领导力和关怀领导力的要求、特点与实践。

学前教育中的有效教学法研究（REPEY）

　　"学前教育中的有效教学法研究"（REPEY）（Siraj-Blatchford et al.，2002）是"有效学前教育"（EPPE）项目的姐妹研究（Sylva et al.，2010）。"有效学

前教育"（EPPE）是一个评估 3—7 岁儿童（7 岁为关键阶段 1[①] 的结束年龄）的收获与发展的纵向研究项目。在 1997—1999 年间，来自 141 家学前教育机构（包括托儿所、托儿班和游戏小组[②]）的 3000 多名幼儿参与了这项研究。

在"有效学前教育"（EPPE）项目中，参与研究的学前教育机构是从英格兰 5 个地区 6 种主要学前教育服务机构中随机选取的。该研究从每家学前教育机构中随机抽取 20—25 名儿童，跟踪其学习进度，直至关键阶段 1 结束（即 7 岁）。通过定性和定量的方法，研究探讨学前教育经验对儿童小学入学时的认知收获和社会性 / 行为发展的影响，以及学前教育经验对儿童 7 岁前在这些方面发展的持续性影响。除了探究学前教育经验的影响，"有效学前教育"（EPPE）项目还研究了个体特征及家庭特征（如：性别、家庭人口数、家长受教育水平和家长职业）对儿童发展的影响。

"学前教育中的有效教学法研究"（REPEY）从参与"有效学前教育"（EPPE）项目的 141 家学前教育机构中选取了 12 家，通过深度的案例研究来探索项目组观察到的和受访者报告的教学实践。此外，"学前教育中的有效教学法研究"（REPEY）还额外增加了两个预备班[③]（reception classes），以确保涉及所有主流类型的学前教育机构。在参与研究的学前教育机构中，儿童认知收获和社会性 / 行为结果的质量水平分布在中等（略高于平均水平）到有效（远高于平均水平）之间。所有入选"学前教育中的有效教学法研究"（REPEY）项目案例研究的学前教育机构都展示了大量实践，其表现均高于平均水平。为了确保可以对搜集到的数据进行跨案例比较，"学前教育中的有效教学法研究"（REPEY）在收集这 14 家学前教育机构的数据时使用了统一的框架，按照以下八个关键特征对其进行比较。

- 中心概况
- 人员配备
- "游戏"空间的组织

---

① 在英格兰的学制中，关键阶段 1（Key Stage 1）对应 5—7 岁儿童。——译者注
② 在英格兰，游戏小组（play groups）现名为学前班（Preschools），通常为 2—4 岁儿童提供半日服务，一般由教堂或社区组织管理。——译者注
③ 英国为 4—5 岁儿童开设的一种班级，类似于中国的学前班。——编辑注

- 家长参与
- 园所文化
- 课程
- 教学法
- 社区外联或参与

　　关于学校有效性及其改善的文献指出，以上八大领域对于提升儿童发展的积极成果和优质经验至关重要。其中，大多数文献的证据源于中小学研究，而"有效学前教育"（EPPE）项目和"学前教育中的有效教学法研究"（REPEY）是学前教育领域中首先使用这一框架的研究项目。其重要意义在于，研究所基于的现有信息在有效性和质量方面已经过研究证实，的确能够产生重要的影响。

　　"学前教育中的有效教学法研究"（REPEY）连同"有效学前教育"（EPPE）项目一起，收集了量化数据（儿童成果）和质性数据。为了探索这些学前教育机构中的领导力议题，他们还进行了二次数据分析。通过"自下而上"（bottom-up）的方法，"学前教育中的有效教学法研究"（REPEY）明确了与"中等"至"有效"质量水平相关的实践与过程范例。用来实现这一目标的数据并不是通过在作为个案研究的学前教育机构中直接评估领导力及其对质量的影响来收集的。

　　"学前教育中的有效教学法研究"（REPEY）虽然对每个参与案例研究的学前教育机构领导者都进行了半结构化访谈，但访谈问题并没有明确涉及领导力。与此相反，研究人员促使这些管理者谈论与学前教育的总体质量和有效性相关的话题，如：《基础阶段课程指南》（Curriculum Guidance for the Foundation Stage，简称 CGFS）的影响、工作人员与儿童的比例、员工的在职培训与发展、儿童的发展、教学法和政策发展等。同时，该研究还补充分析了对从业人员 / 员工和家长的访谈，这就使得交叉情境分析得以实现。交叉情境分析揭示了理论与实践之间，员工、家长和管理者之间的矛盾或一致意见。除了对访谈数据、员工与儿童观察的案例信息进行分析，"学前教育中的有效教学法研究"（REPEY）还重新分析了包括政策、现场记录和教育标准办公室（Ofsted）报告等在内的文件。如上所述，"学前教育中的有效教学法研究"（REPEY）所遵循的框架有助于为每家学前教育机构提供该研究关注的关键领域的可比性信息，例如教学法和家长参与。除了可比性，这一框架还提供了戈尔茨（Geertz，1973）所指的"详尽描述"（thick description）。换言之，该研究的数据集提供了多来源的、丰富且详尽的描述，这有助于加深人们对学前教育机构中领导者的实践及其过程的洞见。

在"学前教育中的有效教学法研究"（REPEY）中，访谈旨在通过数据来明确什么是学前教育中的有效领导力实践。对此，研究者们并没有采取彻底的直截了当的"扎根"（grounded）研究方法，而是从"定向理论"①（orienting theory）着手。在访谈的过程中，随着从数据中衍生出新的类别或关系，"定向理论"会不断发生调整。

查阅文献是发展"定向理论"的一个重要阶段。这些文献包括图书馆中有关领导力的里程碑式研究、相关图书和期刊论文。同时，研究也包括了对互联网、政府官方网站、出版物等资源的检索。由于关于领导与管理的实证文献中涉及学前教育机构的较为稀少，研究人员还查阅了中小学背景的领导与管理文献，并谨慎地将这些文献与学前教育背景相关联。

有效领导力的相关文献指出了与有效和不太有效领导力相关的几个关键特征（Leithwood and Riehl，2003; Rodd，2013）。这些特征较为全面，但并非毫无遗漏。事实上，一些警示建议不要追求详尽无遗的清单，因为这可能导致人们一味地致力于所谓的成功"秘诀"，却忽视了背景情况（Southworth，2004）。文献提出了领导和管理三种可能的主要功能，即指引方向、产生影响与改善成果。在考虑了有效领导力实践的这些特征后，为了反映有效领导力的关键概念，研究人员决定将其分别归类到以下主标题下（adapted from Leithwood and Riehl，2003），即：

- 指引机构方向；

---

① 定向理论用于在一定程度上描述和解释个体或群体行为的发展方向以及做出这些行为的原因，它源于如生物学、心理学和经济学等学科，并涉及社会工作的各个方面，包括人类发展、人格、家庭制度和政治权力等。——译者注

- 产生影响与培养人才；
- 发展组织。

指引机构方向

领导力实践的一个关键方面在于：为儿童和工作人员指明并共同制定一套适宜学前教育机构的共享目标，通过激励其他人员以实现更好未来的愿景。其实现方式有：

- 认同并表达一个共同的愿景；
- 提升对学前教育工作的热情；
- 确保形成共同的理解、意义和目标；
- 通过系统的透明性、开放性、坦诚性、可获得性，进行有效的沟通交流；
- 通过循证实践和愿景，了解背景文化；
- 能够反思，同情他人，行事体贴，深思熟虑，考虑周全。

产生影响与培养人才

学前教育机构的成功取决于内部成员的贡献和努力。这一贡献和努力应当得到身处有效职位的领导者的认可与支持。领导者应当通过以下方式，认识到其所处机构中人力资源的现有优势及潜在优势：

- 致力于持续性的专业发展；
- 致力于并关注所有人的教与学；
- 监督并评估实践；
- 成为典范和角色榜样；
- 以合乎道德且目的明确的方式影响他人。

发展组织

学前教育机构的领导者需要全身心地投入，并致力于将机构打造成一个共同体，而非仅是一家组织。领导者应视所处机构为不断变革与发展的系统性团体。某一领导者或领导者们需要鼓励和促进所有关键的参与者（包括机构的内外部人员）与从业人员、家长和其他利益相关者（例如，其他机构、多专业人士、学校主管人员和管理委员会）建立关系。可采取的方式有：

- 通过协作过程构建学习共同体和团队文化；
- 鼓励并改善与家长、社区的伙伴关系；
- 以灵活、可调节的方式规划并管理变革；
- 倡导人文关怀的氛围环境，满足所有群体的需求；
- 展示出有效的领导与管理技能。

上述每个关键概念都会衍生出一些子概念，这就可以进一步缩减需要额外检索来考查的数据。

"学前教育中的有效教学法研究"（REPEY）是以现有研究为基础开展的，其参考的有关学校领导力的文献主要聚焦领导者特别是校长（Southworth，2004）。索斯沃斯（Southworth）还强调了这种过度关注领导者的弊端：对领导者的重视使得领导力特质理论得以延续；认为领导者是天生的，而非后天培养而成。这种对领导者的看法以及关注领导者而非其工作环境（包括机构的规模、工作人员、儿童、家庭、其他利益相关者、地理位置和资源）的研究倾向，似乎支持了应识别"有效领导者"的关键特征，并将这些特征像配方一样应用于其他领域的领导职位。正如索斯沃斯（Southworth，2004）所强调的，这种方式的危险之处在于，在确定领导力的要求时，没有考虑到环境的重要性、影响作用以及发展需求。当前，被人们普遍接受的一种观点是，"哪里有好学校，哪里就有好领导"（Spillane et al.，2004：14）。然而，新出现的证据阐明了如何实现学校领导力，即了解学校的领导者如何形成并维持那些被认为是创新和变革所必需的条件与过程。

学前教育中的有效领导力研究（ELEYS）

"学前教育中的有效领导力研究"（ELEYS）（Siraj-Blatchford and Manni，2007：2–3）以"学前教育中的有效教学法研究"（REPEY）为基础，但聚焦学习领导力。"学前教育中的有效领导力研究"（ELEYS）采用质性研究方法，以"有效学前教育"（EPPE）研究中被确定为"有效"的机构为样本。"学前教育中的有效领导力研究"（ELEYS）中数据分析的一个显著特点是，采用自下而上（bottom up）的方法，探索了有效的学前教育机构中的领导力问题。这种方法聚焦具体的领导力行为，而非启动领导力信念。"学前教育中的有效领导力研究"（ELEYS）对"学前教育中的有效教学法研究"（REPEY）所用案例中每个机构的领导者都进行了半结构化访谈。访谈问题并非明确具体地与领导力相关，而是鼓励管理者们讨论自己关于课程、教学法、服务供给、实践、儿童发展、员工比例、员工培训和发展的常规实践。此外，该研究还重新分析了学前教育工作人员和家长的访谈数据，以便展开对机构内和机构间的分析，由此进行三角互证，以揭示理论与实践在工作人员、家长或管理者之间的矛盾或共识。

为了确定有效领导力对"学前教育中的有效教学法研究"（REPEY）中成功机构的促进作用，"学前教育中的有效领导力研究"（ELEYS）从以下几个方面着手：

- 管理者的人口学变量；
- 对管理者、教师和其他学前教育工作人员（如保育学校看护人、家长）进行的半结构化访谈；
- 研究者的观察和现场记录；
- 学前教育机构的政策和文件；
- 与儿童认知和社会性 / 行为发展成果相关的数据；
- 学前教育、小学和中学阶段的领导力文献。

由学前教育领域的服务使用者、机构负责人和利益相关者组成的专家焦点小组开展了会议讨论，以澄清、构建相关意义，并验证研究结果。通过讨论，研究人员明确了为了呈现与有效领导力相关的实践，应将研究数据置于背景信息（例如，机构的类型、资金提供方）中。逐步引入数据的数据分析迭代法、教育领导力的相关文献以及和学前教育焦点小组开展的协商讨论，为数据的三角互证和效度验证提供了一种途径（Siraj-Blatchford and Manni，2007：2–3）。研究的关键发现揭示了学习领导力中有效和关怀领导力的环境要求与特征（Siraj-Blatchford and Manni，2007：12）。

学习领导力的要求：

- 了解背景文化和机构所处的社区；

- 致力于协作；

- 致力于改善儿童的学习成果。

"学前教育中的有效教学法研究"（ELEYS）识别出了一系列有效领导力实践的类型。

有效领导力实践的类型：

- 识别并阐明共同愿景；

- 确保形成共同的理解、意义和目标；

- 有效沟通；

- 鼓励反思；

- 监督并评估实践；

- 致力于持续性的专业发展；

- 分布式领导力；

- 构建学习共同体和团队文化；

- 鼓励家长和社区建立伙伴关系；

- 领导和管理：保持二者的平衡。

在本书第二部分的有效和关怀领导力实践模型中，将进一步讨论这些有效领导力实践的要求与类型。

学前教育实践中的学习领导力研究（LLEaP）

"学前教育实践中的学习领导力研究"（LLEaP）采用的分析框架是"学前教育中的有效领导力研究"（ELEYS）提出的有效领导力实践要求和类型（Hallet and Roberts-Holmes，2010）。

"学前教育实践中的学习领导力研究"（LLEaP）调查了学前教育研究生领

导者（graduate leaders）的领导力风格和实践，这些研究者都是英格兰某一地方当局的学前教育专业人员（EYPs）。在研究样本中，所有的学前教育研究生领导者都在儿童中心或提供全日和部分时段服务的非公立性儿童机构工作。"学前教育实践中的学习领导力研究"（LLEaP）通过质性研究方法记录了这些领导者对学前教育专业人员领导力实践角色的看法，在此过程中，领导者们能自由发表意见。研究人员运用扎根理论（Grounded theory）（Charmaz，2005）的分析资料来确定新兴主题（Yin，2003），以阐明具有学前教育专业资质（Early Year Professional Status，简称 EYPS）的学前教育领域领导者的领导角色。

　　"学前教育实践中的学习领导力研究"（LLEaP）是一项质性案例研究，分三个阶段进行。前两个阶段为数据收集阶段。基于第一阶段的数据分析结果，第二阶段继续收集数据。第三阶段开发并研制了六个案例机构的专业学习资源，这些机构呈现出了有效的学前教育领导者的学习领导力风格与实践。

研究阶段概览

第一阶段：
- 进行一次领导力工作坊活动；
- 进行数据分析，并确定六个最佳的领导力实践案例研究；
- 进行两次反思性领导力工作坊活动；
- 完成反思日志；
- 进行数据分析。

第二阶段：
- 进行一次问卷调查；
- 进行数据分析。

第三阶段：
- 在案例机构中拍摄领导力实践；
- 开发专业的学习资源。

"学前教育实践中的学习领导力研究"（LLEaP）的目标之一是明确什么是"最佳领导力实践"。在学前教育领域，"最佳实践"这一术语是指在服务供给研究和专业实践中所发现的有效方法（Reardon，2009）。明确"最佳领导力实践"的方法论与分析指导了一本书和一张 DVD 的编制，而这本书和这张DVD 都可以作为在职的和候选领导者的专业学习资源（Hallet，2014）。变化和专业发展这些主题成了工作坊的反思焦点。通过第一阶段焦点小组中研究生领导者的反思，采用"学前教育中的有效领导力研究"（ELEYS）中"有效领导力实践"分类和"学习领导力的要求"作为确定"最佳领导力实践"的框架，研究人员明确了六个学前教育机构中学习领导力实践的最佳案例研究。

在"学前教育实践中的学习领导力研究"（LLEaP）中，展示出"最佳领导力实践"的六位研究生领导者均为女性，体现出学前教育工作者中女性占绝大部分的特点（Nutbrown，2011）。她们分别在乡村或城市工作，一位供职于学前班（pre-school），一位服务于托儿班（nursery classroom），两位在社区游戏小组（community-based playgroups）任职，另外两位在日托中心（day nurseries）工作。这些学前教育领导者表示，为了儿童、家长、护理人员和从业人员，她们在自己所处的机构和儿童中心中引领学习。她们的有效领导力实践体现在如下八项专业知识与技能中：

- 引领所在机构的教学法；
- 引领衔接阶段的教学法；
- 引领户外环境中的儿童学习；
- 引领学习文化和实践共同体；
- 引领持续性专业学习；
- 引领、创造并与家长分享知识；
- 引领致力于转型的变革；
- 引领创造并分享反思。

在本书后续的第二部分中，将进一步讨论上述这些学习领导力的实践。

□ 本章小结

　　本章对学前教育领域多项有效领导力研究的研究设计、研究方法和关键发现进行了评述，强调了有效领导力的特点和实践。后续章节还会提到这些研究项目，因此本章的讨论为第二部分提供了研究方面的背景信息。

→ 下一节是本书第二部分"学前教育中的有效领导力"的导读，概述了学前教育领域有效和关怀领导力实践模型的四大领导力主题和八项领导力实践。

延伸阅读 📖

Hallet, E. (2014) *Leadership of Learning in Early Years Practice*. London: Institute of Education Press.

Moyles, J. (2006) *Effective Leadership and Management in the Early Years*. Maidenhead: Open University Press.

Siraj-Blatchford, I. and Manni, L. (2007) *Effective Leadership in the Early Years Sector* (*The ELEYS study*). London: Institute of Education.

Sylva, K., Melhuish, E., Sammons, P., Siraj-Blatchford, I. and Taggart, B. (2010) *Early Childhood Matters*. Abingdon: Routledge.

第二部分
学前教育中的有效领导力

导读

本书的第二部分介绍了学前教育中的有效和关怀领导力实践模型。表 2.1 呈现了这一模型的四大领导力主题和八项领导力实践，为学前教育领导者提供了进一步了解学前教育领导力现象的理论框架。

表 2.1　学前教育中的有效和关怀领导力实践模型

领导力主题	领导力实践
定向领导力	• 发展共同愿景 • 促进有效沟通
协作领导力	• 增强团队文化 • 深化家长协作
赋权领导力	• 提升他人的主体性 • 领导变革进程
教学领导力	• 引领学习 • 引领反思性学习

以下 8 章从实践的角度出发，提供了对有效和关怀领导力实践的理解，这些实践旨在为儿童提供优质的服务以及教育、健康和福祉的成果。下文的案例研究展示了学前教育领导者领导力实践，并提出了反思性问题，为在职的和候选的领导者提供了反思这些领导力主题和实践的机会。

→　下一章定义了学前教育领域中有效和关怀领导力实践的领导力主
题——定向领导力，考察了学前教育机构、儿童中心或学校中工作人
员和利益相关者制定共同愿景的领导力实践。

第3章
定向领导力：发展共同愿景

本章概览

　　本章定义了有效和关怀领导力中的定向领导力这一主题，并探讨了发展共同愿景的领导力实践。定向领导力的核心是领导者形成并表达共同愿景的能力，这能为学前教育机构、儿童中心或学校的相关政策、服务供给和实践提供目的明确的发展途径。本章还讨论了通过与工作人员、家长、护理人员和利益相关者形成共同意义和目标，来制定共享的、集体的愿景的重要性与过程。

　　本章将：

- 讨论在定向领导力中如何形成和表达愿景；
- 思考定向领导力的实践案例；
- 提供机会反思定向领导力，并发展共同愿景。

定向领导力中的愿景

　　在成功的组织中，愿景是有效领导力的一项重要特征。愿景需要被清晰明确地表述，并与学前教育机构、学校或儿童中心的需求、教与学、教学法、服务供给和实践相联系。在"学前教育中的有效教学法研究"（REPEY）的案例研究中，学前教育领导力实践的一个关键方面便是儿童、工作人员、家长和护理人员能够确定并协同构建旨在指明领导力方向的共同目标。有效的领导者会利用对美好未来的愿景或看法来激励他人，这为学前教育机构、儿童中心或学校提供了发展和成长的焦点与积极性。而这也依赖于领导者对学前教育的奉献和热情程度，以及对研究和专业实践进行反思的能力。领导者阐明所有工作人员、儿童、利益相关者、家长和护理人员所共有的愿景的能力，能为学前教育机构、儿童中心或学校的发展指引明确的方向。这是通过成为一名反思性实践者并鼓励他人进行反思性实践而实现的，同时也有利于确保工作人员对所在机构的实践、政策和流程形成具有一致性的共同理解（Siraj-Blatchford and Manni，2007）。而这一愿景需要被清晰地表达，要具有说服力，要引人入胜，但最重要的是要和教与学的议题相互联系。

下文的案例研究来自"学前教育实践中的学习领导力研究"（LLEaP），是一位学前教育领导者对其定向领导力的反思。在这个案例中，她思考了自己在日托中心团队共同愿景发展过程中的作用。

📁 **案例研究：领导者的反思——定向领导力**

阿曼纳是一位学前教育领导者，供职于一家私营的日托机构（daycare nursery）。她反思了自己的领导风格，自己对儿童学习和发展愿景的影响，以及在日托中心的员工团队中对他人形成共同愿景的影响。她通过一幅树状图（图 3.1）来说明自己在日托中心所采取的定向领导力的风格与愿景。其中，她将儿童的学习、发展及日托机构的改进过程描绘成一个正在发展和成长中的系统。

在开始反思作为领导者的经验之前，我认为有必要指出，在我们的团队中没有"我"这一概念。因此，尽管这一反思与我的领导力有关，但这种领导力风格其实是为了适应我们机构的特质与人们的需要而发展出来的。对机构和随着机构不断成长与变化的工作人员、家庭和儿童而言，这种领导力风格需要有灵活性。

在我的思想意识、个人观点和价值观方面，我认为自己对学前教育有着极大的信心、极广泛的知识和极深刻的理解。一个好的领导者必须将个人立场与机构相匹配，而我总能激情澎湃地与机构中的所有人分享我的愿景。

　　我觉得，我已经种下了种子，并试着成为隐秘（通常不可见）的根系，这些根系能够巩固并维持植物（即日托中心）的生长和发展。尽管这些根系（如承诺、愿景、创新、理念、知识和理解）往往是不可见的，但因为我秉持着这样的基本理念，我的领导力风格就非常明显：作为领导者的我必须以身作则，为所有与我们机构相关的人树立一个优秀的榜样，并向他们展示我的指向最佳实践的愿景。

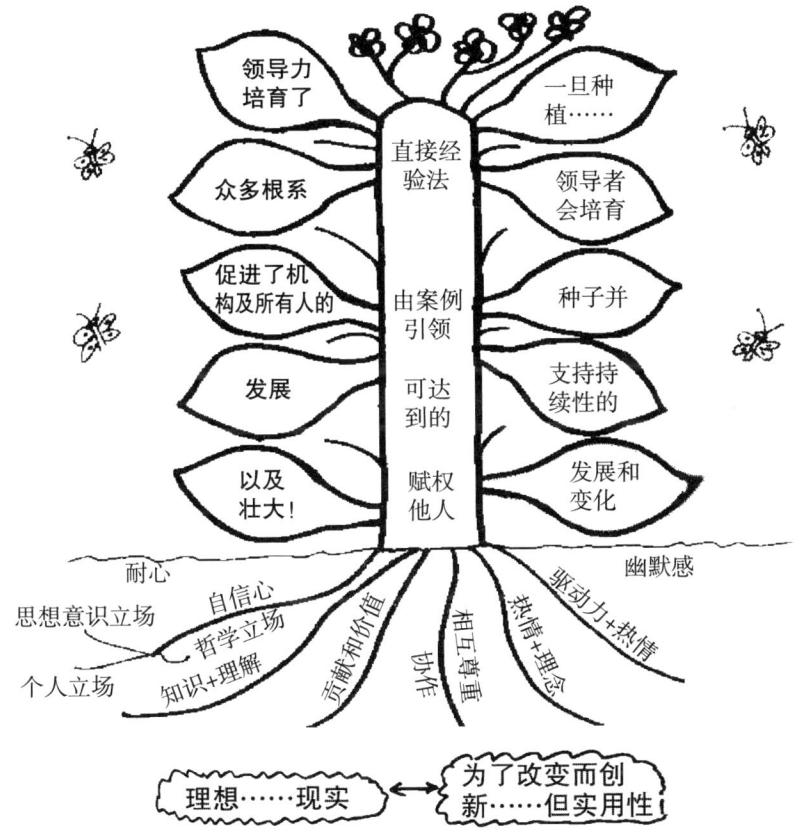

图 3.1　阿曼纳的领导力反思图

　　而要做到这一点，我觉得我需要拥有并发挥许许多多的个人特质。首先，充满动力和热情，如果我没有表现出对变革和引领学习的热情，那么，我就不能期望我的团队也这样做。我很高兴能通过以身作则来发展团队的信心、知识和相互体谅，这些能进一步对团队自身的价值观、信念和实践产生积极影响。然而，我也意识到了我的诸多局限。我有远见，但有时我需要团队成员（尤其是卡伦）帮我认清现实。

　　我对领导力的最终反思与上面这幅图有关。领导力根植于整个团队、工作人员、儿童和家庭希望其生长、发展、繁荣的环境之下。每个人都用自己拥有的与幼儿及其家庭合作的知识、理解和专业技能来浇灌这株植物，从而使其得以生存和发展。蝴蝶代表了领导力蜻蜓点水般快速掠过的本质（flitting nature），即领导者必须参与诸多工作，拥有众多各异的角色，但这也是领导力如此令人兴奋的原因所在。

　　以下问题将使在职的和候选的领导者们反思自己与儿童及其家庭合作的愿景。

〰 反思性问题

对于在职的领导者

- 您的愿景受什么因素影响？

- 您如何阐明这一愿景？如何确保其成为集体的愿景、共同的理解与意义？

- 您的愿景如何融入您的领导力风格和实践？

对于候选的领导者

请您反思自身与儿童及其家庭合作的愿景。

- 您的愿景受什么因素影响？

- 您的愿景如何融入您的学前教育服务供给和实践中？

- 您是否（愿意）向他人表达或展示您的愿景？如果是，您是如何表达或展示的？

发展共同愿景

为了确保既定目标和预期成果的实现，必须有一个清晰的愿景。否则，组织内的人员可能会开展不同的，甚至相互冲突的工作事项。引领他们的愿景并不能通过参考当前研究、与关键参与者和利益相关者磋商并考虑背景因素来完成，它源于每个人自身对学前教育实践的理解。那么，如何产生一个清晰的愿景呢？

在英国教育与技能部（DfES，2005b）的题为《捍卫儿童：综合性儿童服务管理者的一系列共享技能、知识和行为》（*Championing children: a shared set of skills, knowledge and behaviours for managers of integrated children's service*）的论文初稿中，着重强调了领导力的一个关键方面：指引方向。莱斯伍德和里尔（Leithwood and Riehl，2003）在总结数项领导力研究的结果时，强调了领导力的两项主要职能，指引方向便是其中之一。有人认为，领导者（们）有责任致力于确定并阐明愿景，并在实现愿景时发挥积极的作用。同时，也强调了领导者了解儿童及其家庭的需求和期望的重要性，这能确保领导者从战略角度思考机构所提供的服务。索斯沃斯（Southworth，2004）强调，领导者拥有情境性知识并对情境有所了解也同样重要，这样，他们的愿景就建立在所服务的儿童、家庭和社区的需要的基础上。在追求清晰且目的明确的方向时，为了建立共同的理解和目标，拥有并追求愿景的领导者应该表现出合作、开放与包容的态度。综合性儿童中心的一系列目标旨在提供清晰且目的明确的方向（DfES，2005b），这一系列目标已被调整，以适应更多样化的学前服务提供者。在与所有利益相关者合作时，领导者应当将战略性愿景转化为具体的计划，换言之，要利用集体的知识储备，挑战现状，并采取不同的行动方式，从而更有效地满足所在机构中儿童及其家庭的特定需求。此外，还应建立共同的价值基础，促进集体知识和共同目标的实现。要支持他人就其自身的工作和专业领域开展知识性讨论。要认识到，热情和灵活的服务能够提升服务表现与供给质量，这样的服务反映了所服务的儿童、青少年和家庭的需求。要致力于提升服务的平等性和包容性。要在机构内创设一种有回应的文化氛围，并建立一个支持高回应性的系统。要了解儿童和青少年服务的法律框架，并在需要时知道应从何处获得详尽的解释。

这些目标的重点在于发展一个明智的愿景。可以说，在学前教育领域，这需要更公开、更齐心协力地思考利益相关者的意见。下页图 3.2 呈现了学前教育领域中一系列广泛的利益相关者、领导者和工作人员。

一个明智且共同的愿景有助于将所有利益相关者的注意力集中在重要事项上，有助于培养有动力实现目标的反思性员工，更有助于将愿景变为现实。这一愿景是由所有负责实现预期目标而执行战略的人员协商确定的。虽然大家普遍认可愿景的重要性，但如果没有磋商、观察和反思的过程，无论这一愿景与相关文献和研究的契合程度有多高，都只是一个不够充分且缺乏依据的愿景。

指向共同愿景的磋商

与工作人员、家长和利益相关者进行磋商，是确保学校改进和有效性、促进共同理解，并与工作人员形成共同目标的重要方法。关于学校改进和有效性的研究表明，如果工作人员参与制定学校、机构或儿童中心的方针和政策，那么在运用方针与实施政策时，就有很大可能实现整个组织的一致性；而如果工作人员没有参与，就有可能存在差异，当教师和从业人员将方针和政策运用于不同课程领域时，会倾向于采用各自的方法。因此，工作人员的参与可以使中心或学校的课程理念更为一致。在组建团队时，有一点至关重要，即团队中的各个成员对组织及其目标和工作方式有着共同的理解（Bennett et al.，2003）。图 3.3 展现了促进集体的共同愿景的过程。利益相关者的主体性对于消除分歧、反思愿景并将其融入服务和实践非常重要，因此，这样做可以使整个员工团队在商定的行动中一起努力，以协同的方式共同行动。

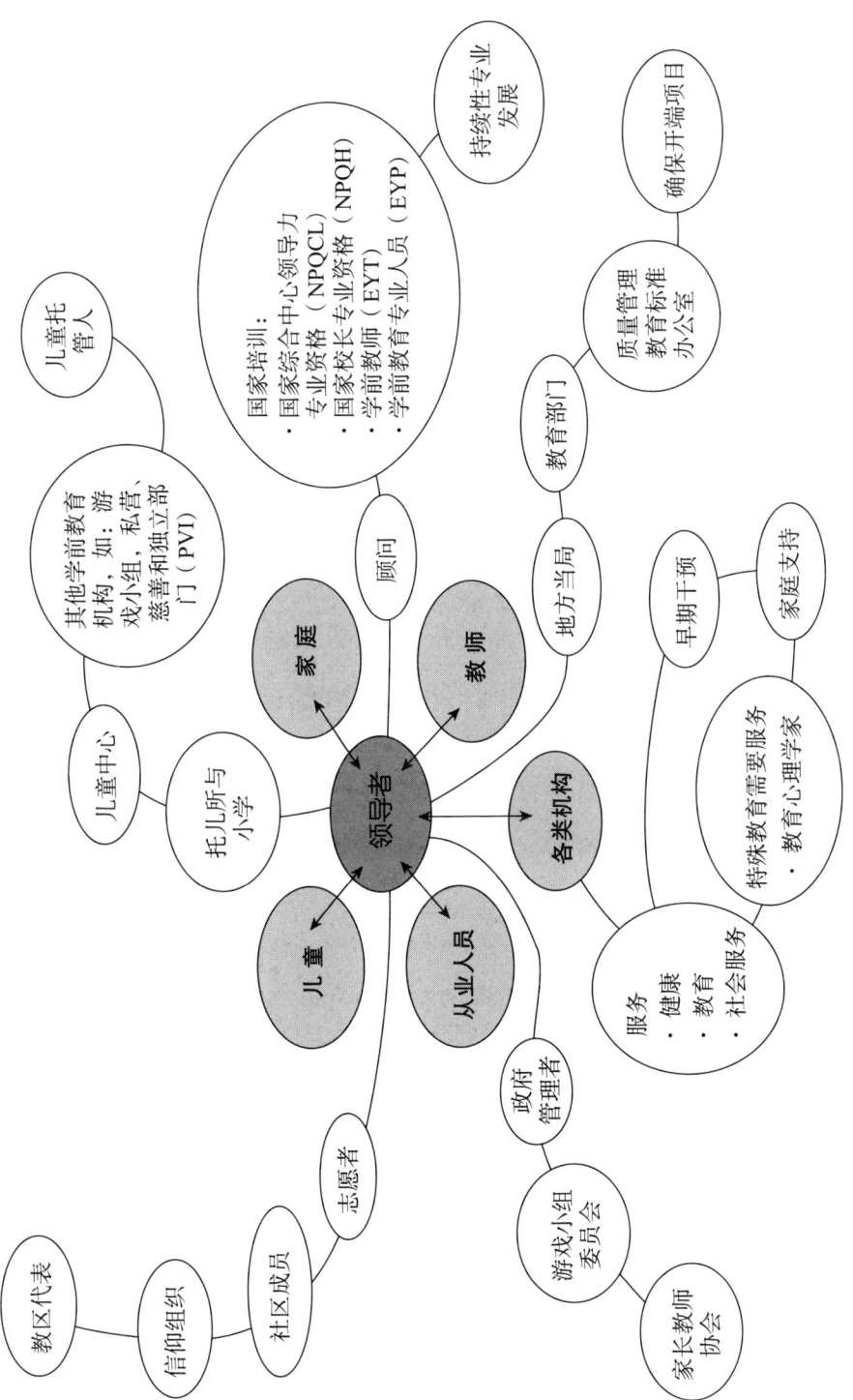

国家培训：
国家综合中心领导力专业资格（NPQCL）
国家校长专业资格（NPQH）
国家学前教师（EYT）
学前教育专业人员（EYP）

持续性专业发展

确保开端项目

质量管理教育标准办公室

教育部门

早期干预

家庭支持

地方当局

特殊教育需要服务
教育心理学家

服务
· 健康
· 教育
· 社会服务

家庭

教师

顾问

领导者

各类机构

儿童

从业人员

儿童托管人

其他学前教育机构，如：游戏小组，私营，慈善和独立部门（PVI）

儿童中心

托儿所与小学

政府管理者

游戏小组委员会

家长教师协会

志愿者

社区成员

信仰组织

教区代表

图 3.2　学前教育领域的相关利益相关者

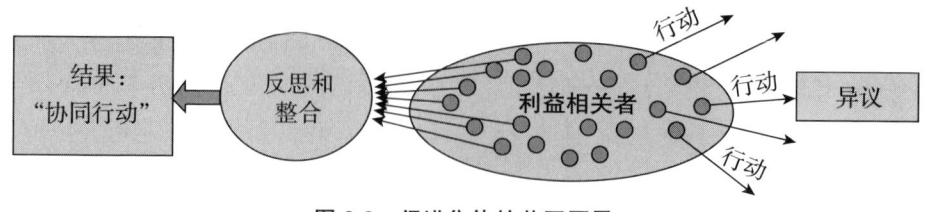

图 3.3　促进集体的共同愿景

将愿景落实到政策和实践中

提出策略、发展计划、改进计划和政策，这些都是领导者以有计划、有目的的方式发挥定向领导力，从而达成共同愿景中的既定目标的过程。政策为实施课程、完成跨领域主题（如保卫儿童、权利平等、身心健康）提供了紧密结合的框架。同样，学校、机构或儿童中心的发展或改进计划也为实现共同愿景提供了一个框架，可以将机构的愿景有计划地融入服务供给和实践中。由此，该计划应当是一份包含长期、中期和短期规划的工作文件，也是一份旨在改进以共同愿景为基础的政策和实践的战略性行动计划。

下文的反思性问题将有助于反思您所在学校、机构或儿童中心内的领导力和策略是如何践行共同愿景的。请思考：这些策略和领导力为定向领导力提供了怎样的实施流程？

〜 反思性问题

对于在职的和候选的领导者

请反思您的学校、机构或儿童中心为了实现共同愿景所采取的策略。

- 实施了哪些恰当的策略？
- 在这些策略的形成过程中，是如何磋商的？
- 您觉得自己是否参与了策略的实施？如果是，请问您是如何参与的？
- 请思考您的机构、学校或儿童中心的发展或改进计划。将愿景落实到服务供给和实践上时，这一计划如何提供方向性框架？

- 在发展或改进计划时，谁提供了定向领导力？是否为共享的分布式领导力？
- 在为您的机构、学校或儿童中心提供目的明确的指导时，定向领导力的有效性如何？
- 请思考，如果一位教育标准办公室督查人员走进您的机构、学校或儿童中心，其能否了解您所在组织的愿景？您又将如何向其阐述愿景？

本章小结

定向领导力和发展共同愿景是本章讨论的重点。本章探讨了通过与工作人员和利益相关者磋商来制定集体的共同愿景的过程，利用策略来阐明和实施愿景的方式，以及如何将这一愿景付诸服务供给和实践。本章中，一位学前教育领导者的定向领导力的案例研究和反思性问题为读者提供了机会，以反思在定向领导力中发展共同愿景的过程。

→ 下一章将继续讨论定向领导力，并重点讨论有效沟通对发展和阐明具有共同意义和共同理解的集体性愿景的重要性。

延伸阅读

Ang, L. (2010) 'Critical perspectives on cultural diversity in early childhood: building an inclusive curriculum and provision', *Early Years*, 30(1): 41–52.

Beckley, P. (2012) 'Historical Perspectives', in P. Beckley (ed.), *Learning in Early Childhood*. London: Sage. pp. 5–17.

Canning, N. (2012) 'Exploring the concept of quality play', in M. Reed and N. Canning (eds), *Implementing Quality Improvement and Change in the Early Years*. London: Sage. pp. 75–91.

Priest, K., King, S., Nangala, I., Nungurrayi Brown, W. and Nangala, M. (2008) 'Warrki Jarrinjaku "working together everyone listening"：growing together as leaders for Aboriginal children in remote central Australia', *European Early Childhood Education Research Journal*, 16(1): 117–30[①].

---

① 此处为照抄原书页码写法。英文参考文献在标注页码范围时，如果后面的页码与前面页码前几位数字相同，常常就把后面页码相同的数字省略掉了。此处页码实际上指的是第 117—130 页。后面还有相同的问题，不一一标注。——编辑注

第4章
定向领导力：促进有效沟通

本章概览

　　本章讨论了学前教育有效和关怀领导力的定向领导力这一主题中有效沟通的领导力实践。领导者进行有效沟通的能力与以下内容密切相关：向所有利益相关者（包括儿童）阐明愿景，影响他人，以及促进政策、服务供给和实践三者的一致性。本章还探讨了有效沟通的方式以及情绪智力对定向领导力的作用。

本章将：

- 探索定向领导力中的有效沟通问题；

- 思考积极倾听对有效沟通的作用；

- 考察领导力中的情绪智力；

- 提供机会以反思定向领导力中的有效沟通问题。

与他人沟通并建立联系

　　"有效沟通是学前教育领域从业人员角色的基本组成部分"，可以说，它推动了在以人为中心（people-centred）的服务背景下与儿童及其家庭一起工作的从业人员和领导者的角色实现（Rose and Rogers，2012：51）。罗斯和罗格斯（Rose and Rogers，2012）确定了学前教育领域从业人员角色的七个维度：关键回应者、照料者、沟通者、促进者、观察者、评估者和创造者。其中，作为沟通者，从业人员以语言和非语言的方式与儿童、父母、照料者、相关机构、工作人员和其他人员沟通。这种双向沟通的过程使得从业人员能够通过互惠关系与他人建立联系。高质量的互动是有效沟通发生的关键。从业人员和领导者都应注意他们的互动行为，并反思这种沟通对儿童的教育、健康、社会性和福祉的有效性。

《儿童教育工作者的通用核心技能和知识》（*Common Core of Skills and Knowledge for the Children's Workforce*，简称 CCSK）强调，沟通对儿童和青少年服务领域的从业人员发挥自己的作用至关重要（DfES，2005c）。形成于《每个儿童都重要》战略的《儿童教育工作者的通用核心技能和知识》（DfES，2004b）为英格兰从事儿童和青少年（从出生到 19 岁）工作的人员提供了一套通用的知识和技能。《儿童教育工作者的通用核心技能和知识》所提出的六大主题反映了一套适用于从业人员的共同价值观，即：促进平等，展示多样性，挑战刻板印象，提升所有儿童和青少年的生活水平，以及提供更高效的综合服务。六大主题中，第一个主题"与儿童、青少年及其家庭和照料者的有效沟通与参与"指出：

良好的沟通是照顾和教育儿童及青少年的核心，包括倾听、提问、理解并回应儿童、青少年及其照料者所交流的信息。这种沟通在一对一的情况下和群体情境下都很重要。沟通不仅与你所使用的词句息息相关，还与你的说话方式、肢体语言，尤其是你的倾听效果有关。为了有效沟通，对文化和背景因素的考虑同样重要，例如，在有些地区，英语只是一种辅助语言（additional language）（DfES，2005c：6）。

这些技能和知识是通过培训、反思性学习和经验发展起来的。从事儿童和青少年工作所需的技能和知识包括（DfES，2005c：7-9）：

技能

- 倾听并产生同理心
- 总结和解释

- 磋商和谈判

知识

- 沟通是如何运作的
- 保密和道德伦理
- 支持的来源
- 尊重的重要性

同样，沟通也是领导力的核心，特别是在为了给机构、学校或儿童中心提供方向而阐明共同愿景的时候。对于领导者来说，他们进行沟通的目的与他们身为实践者时进行沟通的目的是一致的，那就是与他人建立联系。如图3.2 所示，领导者还将与更广泛领域的学前教育利益相关者沟通。下文将继续讨论领导者在定向领导力中进行有效沟通的方式。

定向领导力中的有效沟通

"比起其他领域，在学前教育领域，成功的领导力实质上是沟通问题。"（Rodd，2013：63）学前教育服务与人紧密关联，关系、沟通和人际交往技能组成了为幼儿及家庭服务的结构。领导者清晰沟通的能力至关重要，一位能够与所有利益相关者（包括儿童）清晰沟通的领导者，有可能对他人产生更大的影响，并避免操纵他人。沟通包括倾听并重视所有利益相关者提出的忧虑与议题。清晰沟通的能力总是与阐明愿景和定向领导力联系在一起。取得成效的关键在于，向所有利益相关者清楚地说明必须实现的目标和前进的方向。

随着学前教育领域中政府审查和相关政策的不断涌现，领导者必须充当中间人，要为所有利益相关者总结并使其理解当前背景下的政策，并通过清晰沟通减少机构、学校或儿童中心的工作人员感受到的不同的或冲突的工作议程。此外，领导者的作用在于组织讨论会来促使工作人员进行公开的讨论，找到沟通的障碍和克服这些障碍的策略。在领导者进行日常交谈以及与他人互动方面，领导力的管理意义（leadership as the management of meaning）（Fairhurst，2011）变得更加明确。如以下案例研究所示，领导力指引前进方向的意义不仅关乎领导变革，还深入领导者角色的日常工作与平凡琐事之中。

📁 案例研究：作为意义管理的领导力

贾辛塔是一位刚上任的托儿所（nursery school）所长（head teacher）。她正处于成为领导的首个任期。她在思考自己在这家托儿所发现的服务供给和实践。她对托儿所的教学法、服务供给和实践的愿景与方向，都来自她心目中的幼儿形象及对其的构思：

每一个儿童都是独一无二的。在他们的文化和家庭背景下，他们的声音和权利都应得到尊重。托儿所旨在提供丰富的环境，这种环境通过可平等获得的广泛课程促进了每一个儿童的成长。

这一形象为托儿所开展以儿童为中心的教与学方法提供了框架，其中，儿童是托儿所内一切事务的中心。《学前教育基础阶段课程》（*Early Years Foundation Stage curriculum*）（DCSF，2008b）倡导以儿童为主导的活动，并将儿童置于课程的中心，这也体现在了贾辛塔的愿景中。但是，一位托儿所所长个人秉持的愿景不足以支撑她的定向领导力。她需要有效地沟通这一愿景，使其在托儿所内被充分理解，并成为集体的共同愿景。她把愿景说明打印在塑封卡上，以便在之后的员工会议上与各讨论组的员工团队一起使用。通过讨论，她希望员工们可以拆解她的愿景说明，熟悉并理解这些愿景的意义，然后将其重构为一个被所有人共享和理解的共同愿景。最终的愿景可能会与最初的愿景有所不同，但它将是所有人共有的愿景。

独一无二的儿童是贾辛塔愿景的核心。在将愿景付诸实践时，她希望能将孩子们的"声音"贯穿整合于托儿所内，例如，展示儿童的素描与绘画作品，以及在阅读区摆放儿童的文字作品以供阅读。她意识到，一些传统托儿所的看护人习惯于骄傲地用横幅图画展示表现童谣的艺术作品，而非花时间布置和展示儿童的素描与绘画作品，其实后者更能传达出对儿童艺术作品的珍视与尊重。后者是她"以儿童为中心来服务儿童"的愿景的精髓，也为她的领导力指明了方向。在不冒犯任何人的前提下，贾辛塔应如何领导和管理员工对这一愿景的理解以及愿景对员工的意义，施展定向领导力，并将愿景付诸教学法和实践呢？

贾辛塔制定了一项策略来敏锐地表达她的愿景，并其将传达到实践层面。她经常与学前教育从业人员一起，在各类有儿童在场的活动中开展工作。在这些时候，她会与从业人员一起讨论活动计划，并借此讨论如何开展儿童主导的活动。而在学习领域，她会从评论从业人员创设的物理环境入手。她会环顾四周，热情地赞扬所能看到的儿童素描、绘画、写作和模型作品等，并故意不评价任何成年人的作品。在她所领导的托儿所中，领导者表达了对重视、展示并使用儿童作品作为学习资源的认可，并进行了检查。随着时间的推移，贾辛塔慢慢强化了为她的愿景与方向赋予意义的实践。

以下问题为您提供了机会，可以反思自己进行引导与管理愿景的方式，提出了教学法、服务供给和实践的方向。

〰 反思性问题

对于在职的领导者

请您反思旨在为教学法、服务供给和实践指明方向的管理愿景内涵的方式。

- 您采用了什么策略来指明方向？
- 在引导和管理愿景的内涵时，您是如何沟通的？
- 您如何知道自己的定向领导力是有效的？

对于候选的领导者

请您反思，为了让您了解教学法、服务供给和实践的某一方面，领导者如何为您提供引导和意义。

- 他们使用了哪些沟通技巧？
- 他们如何让您发展理解和意义？
- 领导者的沟通技巧有多高效？

下文将继续讨论对领导者而言，积极倾听对有效沟通的重要性。

旨在理解的积极倾听

有效沟通是多功能、多方向的，它包括以下方式：谈话、鼓励、提问、倾听、反思、翻译、阐释、咨询、辩论、总结、理解、认可、协商、决策、验证和报告。学前教育领导者需要具备学前教育、儿童学习和发展、课程、多机构工作、政府政策以及关于交流发生背景的具体知识。在"学前教育中的有效领导力研究"（ELEYS）中，当领导者在期望、实践和过程方面具有一定的透明度时，便能发现领导者有效沟通的特点和相关结果的证据。其中，还存在对话的互惠性，以及沟通过程的磋商和反思（Siraj-Blatchford and Manni，2007）。图 4.1 呈现了有效沟通的多面性本质。

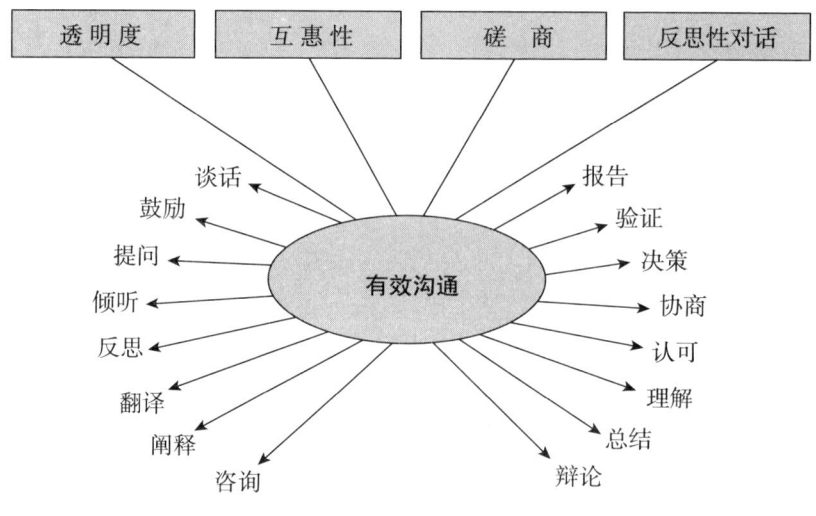

图 4.1 有效沟通

作为领导力的一种属性，有效倾听的能力是领导者定向领导力的关键。有效倾听是积极地倾听，这不仅涉及听见话语，还要在头脑中处理对方所说的话，获得语言背后想要表达的意义与内涵，更要调动对方提供的所有信息（包括潜在感受）来理解这些有目的的信息。这种旨在理解的倾听被称为"积极倾听"或"反思性倾听"，需要倾听者为说话者投入适当的时间和空间

（Rodd，2013：73）。这意味着我们要明确所有可能导致沟通不畅的障碍，例如不适宜沟通的环境，包括：位于他人频繁经过并可能听到对话内容的走廊，接听电话或回复电子邮件，存在背景噪声干扰，不熟悉的沟通语言，视觉或听觉障碍等。沟通障碍是可以被克服的，例如，在不受干扰的某个特定时间进行会面。倾听者会接收发言者的非语言和语言信息，倾听信息的内容，并以适当的方式做出回应。倾听者使用语言和非语言信息来反思并阐释信息，这为阐明意义和理解做出了回应。同样，发言者也使用语言和非语言线索来回应与倾听者的交流。

沟通是一个反思的过程，需要花费时间通过互惠关系来取得进展。持续性共同思考（Sustained Shared Thinking）源于"学前教育中的有效教学法研究"（REPEY），它是一个互动片段，涉及两个或多个个体在认知活动（cognitive dance）中"共同合作"来解决某个问题，阐明某个概念，并评估活动。持续性共同思考通常和儿童与成人之间或儿童与儿童之间的互动有关（Rose and Rogers，2012：79），可作为发展认知思维的支架过程。然而，作为成人之间有效沟通的持续性共同思考是一种反思性的、互惠的对话，成人之间会相互建构意义，共同理解（Siraj-Blatchford et al.，2002）。

倾听者对发言者的反应方式，以及发言者对倾听者的反应方式，都可能帮助或阻碍对意义的共建。卡尔·罗格斯（Carl Rogers）提出了在语言交流时常用的以人为本的五种回应方式（adapted from Rodd，2013：74）。

- **建议和评估**：这种回应旨在给出建议，例如："你现在应该做什么？如果我是你，……"
- **解释和分析**：这种回应旨在解释所提供的信息，例如："此处真正的问题是……"
- **支持和安抚**：这种回应旨在缓解情绪，例如："别担心，会没事的。"
- **提问和探究**：这种回应旨在获取更多信息，例如："家里一切都好吗？"
- **理解或反思**：这种回应旨在关注潜在的感受和内容，例如："你似乎很满意本在阅读上的进展……"

回应方式的恰当是高度成熟的和有能力的专业沟通者的标志（Rodd，2013）。一名有效的领导者通过建议、评估、支持、提问、理解和反思来实施定向领导力。在以人为中心的服务领域工作，会给学前教育领导者带来工作上的压力，这种压力会增加其情感负荷并影响沟通。因此，下文将继续讨论情绪对领导力的作用。

领导力中的情绪智力

学前教育领域存在一种独特的情感驱动，通常被描述为与幼儿及家庭工作的热情。学前教育领域的从业人员和领导者经常使用这一术语，来描述其在该领域工作中的作用。在"学前教育实践中的学习领导力研究"（LLEaP）中，热情被证明是在学前教育领域工作和进行领导的关键驱动力（Hallet，2014）。同样，在"学前教育中的有效领导力与管理评估工具"（Effective Leadership and Management Scheme for the Early Years，简称ELMS-EY）研究中，莫伊尔斯（Moyles，2006）在明确领导力属性时发现，成功的领导者是那些对自身工作所服务的儿童、学校和社区有着"根深蒂固的热情"的人（Moyles，2006：9）。

人们认识到，幼儿为了生存不仅需要被人照顾，也需要与"重要他人"（significant caring adults）建立积极的情感依恋（Bowlby，1988）。支持的、关怀的和敏感的环境对幼儿发展非常重要（Osgood，2006）；关怀幼儿、与幼儿进行肢体互动（如摇摆、拥抱和进行游戏活动）会促进幼儿生理和智力的积极发展（Manning-Morton，2006）。埃尔菲（Elfer，2012）认为，情感是与幼儿工作时不可或缺的因素。在对保育学校看护人和助教进行继续教育培训时，应当鼓励他们具备温暖（warmth）、情感（emotion）、培育（nurturing）、敏感（sensitivity）和关心（care）等关怀属性（Colley，2006）。聘用充满爱心的劳动者（emotional labour）为社会经济地位较低的年轻女性提供了机会，这使她们能在像学校这样的工作环境中提高自尊和自我价值（Vincent and Braun，2010），并形成关怀性从业人员的自我身份认同。

情感可以被认为是非智力的，它能强化直觉型"情感劳动者"的观念

（如女性的工作方式）（Taggart，2011）。学前教育领域的从业人员和领导者满怀自信地将情感投入到工作中，来给幼儿提供最好的学前教育服务。与幼儿一起工作需要身体、智力和情感的付出。在日常工作中，从业人员和领导者需要具备最高水准的情感技能来应对情感状况，如一名因受伤而哭泣的孩子、愤怒的父母或其他儿童保护问题（Osgood，2011）。对有效沟通和解决冲突而言，关键在于每个从业人员和领导者都应具备管理自我感受，并以专业方式识别然后敏感回应他人感受的能力。戈尔曼（Goleman，1996）将这种能力描述为情绪智力（emotional intelligence），而有效的领导者能展现出更高的情绪智力。领导者需要对自身的情绪状态有自我认识，并能相应地管理自我情绪，领导者迟钝和不适当的回应会阻碍有效沟通与恰当地接收信息（Rodd，2013）。互惠性沟通是有效领导者所拥有的一种技能，这种沟通需要领导者有能力怀着同理心倾听（Goleman，1996）。

领导者被任命的原因可能是其学术能力较强、原有经验丰富，或出现了职位空缺。如果不具备较高的情绪智力来领导这一以人为中心的服务工作，他们就无法成为成功的领导者（Rodd，2013）。情绪智力是一种能够影响所有其他领导能力的资质，要么增强，要么干扰这些领导能力（Goleman，1996）。情绪智力较高的领导者能够提高标准，能够鼓励个人和专业发展，也能够促进组织的可持续发展。具有情感素养的领导者很重视支持员工情感能力的需求，并通过这些员工促成一个具有情感胜任力的组织的建立（Rodd，2013）。戈尔曼（Goleman，1996）将情绪智力描述为：了解自身感受，能够管理自身情绪，具有同情心，能够修复自己和他人在情感上受到的伤害，并能通过调节他人来进行有效的情绪互动。

掌握有效沟通的技巧是高情绪智力领导者的基础。这种领导者是卓越的倾听者与回应者，能自信地谈论自己的感受，提出适当的问题，并参与有意义的对话。一个高情绪智力的领导者会培养并重视员工、儿童和家长的情绪智力，从而提高其所在学前教育机构以有情绪智力的方式进行工作的能力（Rodd，2013）。

以下反思性问题能帮助您反思自己作为在职的或候选的领导者的情绪智力。

〰 反思性问题

对于在职的和候选的领导者

请反思您的情绪智力，您的情绪素养的水平如何？

- **您了解自身感受的程度如何？**

  请自我评价：1—10分（10 = 最高分，1 = 最低分）

  请举例说明：您如何认识或理解自身感受？

- **您控制自身情绪的程度如何？**

  请自我评价：1—10分（10 = 最高分，1 = 最低分）

  请举例说明：在与同事交流时，您如何管理自己的感受？您对此满意吗？或者可以改进吗？如果还可以改进，应该怎么做？

- **您的同理心有多强？**

  请自我评价：1—10分（10 = 最高分，1 = 最低分）

  请举例说明：在与他人交流时，您如何表现出同理心？您对此满意吗？或者可以改进吗？如果还可以改进，应该怎么做？

- **您如何修复自己和他人的情感伤害？**

  请自我评价：1—10分（10 = 最高分，1 = 最低分）

  请举例说明：您如何修复自己和（或）他人的情感伤害？您对此满意吗？或者可以改进吗？如果还可以改进，应该怎么做？

- **您的情感互动能力如何？**

  请自我评价：1—10分（10 = 最高分，1 = 最低分）

  请举例说明：您如何进行情感互动？如何调节一个人的情绪和感受？这种互动是如何实现有效沟通的？您对此满意吗？或者可以改进吗？如果还可以改进，应该怎么做？

在综述学前教育阶段有效领导者的特质的文献时，罗德（Rodd，2013：58）明确了与领导力相关的通用特质、技能、知识与能力，其中包括情绪智力和互惠性沟通。如表4.2所示，研究发现了有效领导者所展示出的八种领导能力。

下文的反思性活动采用了罗德提出的三项领导能力，以供在职的和候选的领导者反思自身的领导能力。

表 4.1　有效的领导能力（adapted from Rodd，2013）

情绪智力（emotional intelligence）：识别并敏感回应自身和他人感受的能力。

批判性思考（critical thinking）：通过逻辑推理和分析推理影响他人的能力。

定向清晰度（directional clarity）：设定、阐明和激励人们致力于清晰目标的能力。

创造性智力（creative intelligence）：通过整合与应用知识、理解和技能来解决问题的能力。

为他人赋权（people enablement）：通过提供支持和指导为他人赋权的能力。

互惠性沟通（reciprocal communication）：有同理心地倾听并与他人建立联系的能力。

变革管理（change orchestration）：前瞻性且建设性地领导变革的能力。

毅力（perseverance）：坚定、自信和专业地行事的能力。

⌇ 反思性问题

对于在职的和候选的领导者

领导能力：情绪智力，即识别并敏感回应自身和他人感受的能力。

- 请您反思具有情绪智力的领导能力。请写一小段话，概述您借助情绪智力进行领导的能力。

领导能力：定向清晰度，即设定、阐明和激励人们致力于清晰目标的能力。

- 请您反思具有定向清晰度的领导能力。请写一小段话，概述您定向清晰的领导能力。

领导能力：互惠性沟通，即有同理心地倾听并与他人建立联系的能力。
- 请您反思自身互惠性沟通的领导能力。请写一小段话，概述您领导双向沟通的能力。

☐ 本章小结

本章探讨了定向领导力中促进有效沟通的几种方式：积极倾听、管理情绪和减少沟通障碍。一项案例研究展示了一位学前教育领导者对自身定向领导力中关于有效沟通的知识、技能和理解。反思性问题为在职的和候选的领导者提供了机会，来反思自身沟通的知识、技能和理解，以及反思自身定向领导力中有关有效沟通能力的情绪智力。

→ 下一章定义了有效和关怀领导力实践中的协作领导力，并检验了在学前教育机构、儿童中心或学校中增强团队文化的领导力实践。

延伸阅读 📖

Jarvis, J. and Lamb, S. (2001) 'Interaction and the development of communication in the under twos: issues for practitioners working with young children in groups', *Early Years*, 21(2): 129–38.

Perry, L., Lennie, C. and Humphrey, N. (2008) 'Emotional literacy in the primary school classroom: teacher perceptions and practices', *Education 3–13*, 36(1): 27–37.

Rodd, J.(2013)*Leadership in Early Childhood*. 4th edn. Maidenhead: Open University Press. pp. 64–103.

Rose, J. and Rogers, S.(2012)*The Role of the Adult in Early Years Settings*. Maidenhead: Open University Press. pp. 50–67.

第5章

协作领导力：增强团队文化

本章概览

    本章定义了有效和关怀领导力中协作领导力这一主题，探讨了增强团队文化这一领导力实践。本章强调了增强团队文化的重要性，并认识到成功的机构、学校和儿童中心有赖于建立并维持组织内外的关系。本章一系列学前教育领导者的实践案例展示了协作领导力，以及建立人际关系和增强团队文化的方法。本章还反思了以协作的方式领导、体验团队文化以及在队伍中工作等问题。

本章将：

- 定义协作领导力；

- 思考建立人际关系和增强团队文化的诸多方法；

- 反思领导者的协作领导力经验；

- 提供机会，对建立人际关系和增强团队文化进行反思。

协作关系的团队文化

    学前教育工作总是要与人打交道。出于工作性质的原因，没有人独自工作，而是都处于如下关系网络之中：家长、同事、儿童、各类机构、政府管理者（governors）、管理委员会、家长－教师协会（Parent-Teacher Associations）和社区成员。在学前教育机构、学校或儿童中心工作会涉及频繁的互动。这些互动和关系的质量是幼儿服务及家庭服务质量的基础（Rodd，2013）。学前教育服务包含人、关系和感受（Jones and Pound，2008）。学前教育工作的核心是领导者与从业人员以团队的方式一起工作，其中包括分享专业知识与技能、互相理解和进行反思性对话。学前教育领域的领导力是一群人通过协作与团队合作的关系文化（relational culture）来共同工作的结果（Rodd，2013）。

领导者对整个团队负责，同时也作为团队成员进行团队工作。"领导者的职责包括对团队负责，也包括在团队中担责"（原文强调）（Jones and Pound，2008：25）。贝涅特等人（Bennett et al.，2003：9) 发现，"在开放的风气中团队运作得最好，在相互信任与开放沟通的支持性氛围的基础上，团队内部与团队之间的人际关系得以建立"，而这需要一种认可工作人员优势与专长的协作文化和领导力文化。团队的有效性取决于个人素养、特征以及领导者为了增强团队文化（使所有人都能在被信任的氛围中受到重视和尊重）所采取的干预措施（Jones and Pound，2008）。有效的领导力能使团队以一种聚焦的方式协作地开展工作，使他们分享知识、技能和理解，以给机构、学校或儿童中心所服务的幼儿及其家庭带来益处（Harpley and Roberts，2006）。"学前教育实践中的学习领导力研究"（LLEaP）的两位学前教育领导者反思了她们的协作领导力风格与团队协作。

> 📁 **案例研究：领导者的反思——协作领导力**
>
> 　　艾娃是一家私营日托中心（day nursery）的领导者。她与领导团队的另一位领导者共享领导力。每周，艾娃在这家私营日托中心工作三天，在当地大学工作两天。作为讲师，她负责教授学前教育荣誉学士学位项目的一门本科生学位课程。
>
> 　　我的领导风格秉持"以人为本"。我喜欢推广协作的方式，这能发展实践，也能使团队成员获得自主权。我天生是一名控制欲强的完美主

者，所以有时我会觉得这真的很有挑战性，但我知道，这些特质与我秉持的领导者理念并不相符！

为了促进协作，工作人员、儿童及其家庭之间的相互尊重很重要。我应当（并且希望我做到了）理解我领导的团队的需求和想法，并确保自己是平易近人的。我希望自己乐于真诚地重视他人的想法——只要能事后反思并以团队的形式改进相应实践，我们很愿意尝试新事物。

我觉得工作人员需要认识到我也有弱点，因为这维护了他们的自信和自尊。我们的团队可以嘲笑我在匹配图钉时的轻微强迫症行为……，这使我看起来更像一个普通人，而不是那些觉得自己在大学授课就高人一等的人。我讨厌等级——我们都是团队的重要组成部分。但是，我也知道，当危机来临时，我需要领导学习并进行变革。在需要的时候，我能够应对挑战和困境……，我很幸运，至今还很少遇到这种情况。

📁 案例研究：领导者的反思——团队协作

凯伦是一名学前教育领导者，在一个位于乡村礼堂（hall）的基于社区的志愿游戏小组工作。她秉持一种以社区为基础的宽泛的团队协作观念，并反思了在团队协作中关系的中心地位。

作为一名领导者，团队协作是我工作的核心。作为一名领导者，我确保他人得到了重视，重视工作人员、儿童、家长、访客以及其他专业人士的想法。每个人，包括他们的想法、主意和优势，都受到重视，每个人都被鼓励高度参与。我尝试组合这些属性，以探索出最佳组合。为了实现这一设想，我与大家建立良好的关系。我和他们交谈、倾听并表现出对他们的兴趣。我会支持他们，而这可以成为一个双向的过程，他们也支持我完成游戏小组的任务和工作。以下这些案例的内容来自我对家长、看护人、儿童、工作人员和游戏小组委员会的倾听以及他们的参与，这么做能让他们将自己视为游戏小组的一部分，为游戏小组做出贡献。

父母和看护人被倾听与重视

我们认为，家长和看护人最了解自己的孩子。游戏小组的家长也是游戏小组团队的一部分。我们有一份家长轮流值班表，家长会报名来协助游戏小组的各个环节。我们推行"开门策略"（open-door policy），欢迎家长和看护人来游戏小组与儿童一起工作，并与我们讨论任何有关儿童发展进程的忧虑。在接送时间，工作人员会就他们的孩子当天所做的活动，与家长及看护人进行非正式的交谈；也会讨论教师、父母和看护人的所有忧虑。在周末，我们会为扩展型家庭①举办一场公开活动，让他们有机会参观游戏小组和儿童完成的作品。我们的目的是了解儿童的父母、看护人和扩展型家庭，并逐渐与他们建立积极的人际关系，这最终能促进儿童的游戏、学习和发展。

儿童被倾听与重视

我们的游戏小组以儿童为中心。我们的目标是了解每名儿童并发展积极的人际关系，来推动儿童在室内游戏环境与室外学习环境中的游戏、学习和发展。我们倾听并尊重儿童的话语。我们通过与家长、看护人分享照片、收录儿童作品的图书和海报，来展示儿童的学习和发展过程。

工作人员被倾听与重视

通过反思、反思性实践、被信任的氛围、反思性对话、建设性反馈（constructive feedback）和评估，可以使工作人员体会到作为一名团队成员被倾听和受到重视。作为一名领导者，我以身作则地积极互动，每天都抽时间来进行自我评估与反思。我或游戏小组的某一领导者会定期召开员工会议来提升我们的知识与实践。

游戏小组委员会被倾听与重视

游戏小组是一个以社区为基础的志愿组织。对我们团队来说，游戏小组委员会是不可或缺的。来自社区的大批家长和志愿者会定期开会讨论游戏小组的事宜，讨论内容可能关于资金、供给、策略和实践。委员会对我们的工作提出不同观点。我们欢迎委员会的成员进入游戏小组，来了解我们的日常工作，并在儿童学习和发展时与儿童一起游戏和工作。

---

① 扩展型家庭（extended family）包括父母、孩子、父母的兄弟姐妹及其子女。——译者注

以下问题将帮助您反思自己关于协作领导力和团队协作的经验。

〰 反思性问题

对在职的和候选的领导者

您可以反思一次积极或消极的经验，或同时反思二者，来比较协作领导力的实践。

请细想一次协作领导力的积极经验，当时您会感觉自己融入了团队，并为团队的决策或任务做出了贡献。

- 请用一篇简短的记叙文描述您的经历。
- 其他领导者（们）做了什么，使您成为团队的一员？
- 团队成员做了什么，使您成为团队的一部分，并助力团队决策或任务？
- 这次经历让您有什么感觉？

请细想一次协作领导力的消极经验，当时您会觉得自己被团队排挤，对团队决策或任务的贡献甚微。

- 请用一篇简短的记叙文描述您的经历。
- 其他领导者（们）遗漏了什么，才使您难以成为团队的一员？
- 团队成员做了什么，令您觉得难以成为团队的一员，且对团队决策或任务贡献甚微？
- 这样的经历让您有什么感觉？

接下来将讨论在不同团队中如何协作。

团队领导与协作

学前教育从业人员可以在不同规模的团队中工作，例如，日托中心一个班级中的小团队，小学基础阶段中规模稍大的团队，或是儿童中心的多机构团队。即使是一名家庭式服务的幼儿托管人，看似是独自一人工作，但实质上她是家庭内外部团队的一部分，需要与作为服务使用者的幼儿家长、当地的幼儿托管人网络、儿童保育发展工作者一起工作。无论从业人员在什么情境中工作，她或他都是直属团队（immediate team）、当地团队和规模更庞大的团队（学前教育机构、各种早期教育机构内部和机构之间、学校及其服务）的一部分。修订版《确保开端项目儿童中心的领导力国家标准》（*National Standards for Leadership of SureStart Children's Centre Services*）将儿童中心内部、跨儿童中心与儿童中心外的领导者角色加入了"国家标准草案"（Draft National Standards），这能在儿童中心服务中建立起人际关系网络，并实现系统化和可持续的领导力（Siraj-Blatchford and Hallet，2012）。在这些国家标准草案中，儿童中心的领导者所需的专业能力和技能包括：能够培养并建立一种信任、支持和尊重的开放、包容、安全的文化，能够促进集体决策，且有信心在必要时发挥决定性作用，能够协作和商议儿童中心的内外部事务，还能够调解和处理冲突。

与各种领导者、从业人员、多机构专业人员、家长和其他专业人员建立有效的人际关系，对实现课堂、学前教育机构和儿童中心更高的一致性具有关键作用。《儿童与青少年工作者战略》（*Children and Young People's Workforce Strategy*）（DCSF，2008a）建议，从事 0—19 岁儿童和青少年工作的从业人员要致力于与其他专业人员一同进行综合性工作，以改善儿童和青少年的发展成果（Greenfield，2011）。在这种综合性的工作方式下，从业人员能接触到一系列具有不同学科背景和来自不同团队（例如健康、教育和社会服务领域）的从业人员。但这也会带来沟通障碍，使他们在理解专业知识和不同工作方式上产生问题（Duffy and Marshall，2007）。

威格夫和莫斯（Wigfall and Moss，2001）在对多机构环境的研究中，确认了几个可能阻碍健康、社会服务和教育服务整合的因素。他们发现，外部力量，即政府的政策和议程，似乎阻碍了协作工作。他们认为，当同时引入过多的举措、项目、目标、资助计划和特定服务的其他机制时，这些政府议程和政策会与有效的人际网络背道而驰。他们也特别指出了对非接触时间

（non-contact time）、专业发展所需的时间以及与工作小组和个人建立协作联系所必需时间的忽视。另一个限制因素是个人繁忙的议程。虽然他们研究的是多机构，但这个问题也发生在单独的机构中。每个工作人员都有若干职责，而协调众多职责的先后顺序是一项艰巨的任务，因为这很容易引发工作人员之间的紧张关系。

在学前教育部门，建立一支有效的团队是一个持续性议题。因为当有从业人员离职、晋升或退休，或者有新的从业人员加入团队时，团队的组成就会发生变化。从业人员可能会加入一支现成的团队，或者一名领导者可能被任命为校长（head teacher）来建立新学校，组建新团队。组建一支团队远不是将一群人聚集在一起那么简单。要想让一支团队以高效的方式协同工作，需要经历建立团队的过程，而这需要时间。汉迪（Handy，1990）认为，建立一个团队要经历四个发展阶段，直到建立起团队精神。

1. 形成阶段（Forming）

这是团队身份开始觉醒的阶段。起初，团队作为一群个体开展工作；当团队成员开始一同工作时，他们逐步相互熟悉，并找到舒服的相处模式。在这一阶段，领导者会评估每个团队成员的优缺点。

2. 磨合阶段（Storming）

这是团队发展的阶段，这一阶段可能具有挑战，成员之间会发生冲突。团队领导者需要有效地处理冲突，以帮助团队全面发展。身处这一阶段的团队正朝着一个得到普遍认同的、一致的工作实践迈进。

3. 规范阶段（Norming）

这是团队身份建立的阶段，团队开始感受到更强的凝聚力。团队的工作方式得以建立，并得到支持。团队成员之间会公开提出议题或分歧并进行讨论。团队的领导者和成员在相处中感到舒适，团队中存在信任感，成员们相互协作，并开始像团队一样思考。

4. 执行阶段（Performing）

在这一阶段，每个个体都能感觉到自己是团队的一部分。团队精神是富有成效和支持性的，每个人都以一种相互支持的方式朝着相同的方向协同工作。而领导者在这一阶段能够与团队相互支持，一同讨论、反思和审核，以巩固并发展服务供给与实践。

近期，政府的如下倡议促进了新团队的建立：发展综合性实践，建立早期干预团队，在小学建立基础阶段（Foundation Stage）组织。在创建团队文化时，花费时间和精力来打造协作性氛围所必需的诸多条件是必不可少的。同时，在工作人员之间建立伙伴关系，就需要打破僵化的界限，无论他们的资历、经验如何，都需要在彼此之间建立信任和尊重，也需要他们有潜力灵活工作，分享专业知识与技能。

在进行"学前教育中的有效教学法研究"（REPEY）的两个不同机构中，来自幼儿班（nursery class）和预备班（reception class）[①]的两个团队被合并成一个学前教育单元（early years unit）。下文的案例研究展示了一个新团队是怎样组建的。

📁 案例研究：组建一个新团队

以下内容节选自对两位幼儿班主班教师（lead nursery teacher）的访谈。她们所供职的机构近期完成了一个学前教育单元的建立，这涉及幼儿班和预备班的合并，以及学前教育协调员一职的设立。两个案例中，所指定的协调员原来都是预备班教师。无须太多解释，我们就能轻易地辨别出哪位教师来自一个努力确保建构真正的协作环境的幼儿班，而哪位教师则不然。

以下是访谈中的问题："您认为自《学前教育基础阶段的课程指南》（*the Curriculum Guidance for the Early Years Foundation Stage*）实施以来，它对您的机构是否有影响？"在其中一家机构，负责一个幼儿班的教师回答道：

我认为，我们所做的活动并没有发生太大的变化。最主要的一个区别在于提供给我们的计划的形式，因为我们现在不得不与预备班一起工

---

① 预备班是英格兰小学教育的第一年，服务于4—5岁儿童。英格兰学制规定，入读小学一年级的儿童必须在当年9月前年满5周岁，而不足5周岁的则可以自由选择是否入读预备班。此外，英国各地预备班的入学年龄也不同，英格兰和威尔士为幼儿班（nursery class）毕业之后、小学一年级之前，北爱尔兰则为小学二年级之前。——译者注

作。我们的协调员是一名预备班教师，我认为她从未在幼儿班工作过，所以她一直试图把两方的想法粗糙地拼凑在一起……，这对我们的影响最大。现在的计划不是个性化的，而是排他性的，丢失了我们的那种……，我们倾向于继续做在幼儿班做的事情，我们认为预备班的工作人员必须追求孩子的进步。预备班的工作人员知道我们计划的所有细节，清楚地了解具体会发生什么，也会偶尔来拜访我们，如果她们想知道的话，我们也会谈论这一计划。在某种意义上，我们启发了预备班的工作人员，然后我们希望他们能从中获得收获。但我们无法获得他们的计划。

面对同一个问题，在另一家机构负责一个幼儿班的主班教师说道：

目前，除了让我们能与预备班更密切地开展协作，并更多地考虑整个基础阶段而不仅仅是幼儿班这一事实外，学前教育基础阶段（Early Years Foundation Stage）并没有对我们的实践产生太大的影响。当然，从幼儿班到预备班，这两者之间总有一个过程，但这很大程度上可以归因于我们双方没有密切地协作。而现在，为了幼儿班和预备班的儿童，也为了作为幼儿班工作人员的我们和作为预备班工作人员的他们，我们正努力制定一体化的课程。我们也在一起尝试从这一方面来完成计划。

在工作人员中建立团队文化的方法很多，而领导者在这一过程中起着关键作用。这项任务并不容易。杜福尔（Dufour，2004）认为，不管领导者预期中遭遇的不可避免的阻力有多大，她或他都需要坚持不懈地致力于构建协作的环境。伊格鲍尔夫妇（Neugebauer and Neugebauer，1998）提出了团队建设过程的五阶段理论：（1）设定可实现的目标；（2）明确团队中的角色；（3）建立支持性关系；（4）鼓励积极参与；（5）监控团队效率。有效的团队领导力和团队建设可以实现团队成员和领导者之间的高质量互动。在人际关系和共同理解中，信任和开放程度也会有所提高。由于经验和专业知识与技能会在团队中共享，所以团队工作方式能支持员工的专业发展（Rodd，2013）。

在以下来自"学前教育中的有效教学法研究"（REPEY）的案例研究中，一家幼儿学校的领导者明确承诺要发展团队的协作文化，并进一步建立学习共同体。

📁 案例研究：促进协作文化的发展

　　幼儿学校的校长坚定地致力于在员工团队中营造一种协作氛围。反过来，这种协作氛围也能通过嵌入式（在职培训）项目和每周的员工会议来促进全体工作人员持续的专业发展。为了确保所有工作人员都能够获得相关的专业发展机会，并能够参与他人的持续性专业对话，校长争取并成功实行了每周三下午幼儿学校例行关闭制度。虽然一些家长对此表示不满，但需要注意的是，这位校长在每名幼儿入校登记之前，已经告知了家长例行关闭这一举动及其目的。通过例行关闭幼儿学校，校长能够确保学校看护人、支持人员以及教师等全职员工都能在工作时间参加员工会议。这一措施能够体现校长对员工状态这一议题的理解，即薪资水平低的工作人员不大愿意在下班之后仍然留下来参加会议。

　　每周三下午的例会目的多种多样，包括：审查和修改内部策略，更新对儿童、课堂实践和学校近况变化的了解，介绍或审查外部政策或规定的变化，以及由团队的一名工作人员或外部人员领导的各种嵌入日①（Inset day）。在周三当天的工作开始之前，校长会为员工们留出一段时间，以便讨论当天的计划和任务分配。校长解释道，团队协调员会参加晨会，并由一名资深工作人员提供支持。在每周一次的"牧师会议"（pastoral meetings）上，牧师代表会拜访各个学前教育团队，并交流讨论有关特定儿童的问题。

　　这位幼儿学校校长致力于在工作人员中发展团队文化，这一过程的另一个重要特征是凝聚集体智慧来制定幼儿学校的策略，如下文的案例研究所示。

---

① 　嵌入日为在职培训日（IN-SErvice Training day）的缩写。在英国的大多数学校，一周五天的课程设置中会包含嵌入日。当天，学校暂停授课，学生无须上学，但工作人员必须来校参与培训，以不断更新自己的专业能力或完成行政任务。——译者注

📁 案例研究：协作性学校策略

　　所有策略都是通过领导者和工作人员的协商制定的。初步讨论为全体工作人员提供了一个机会，可以就行为、健康、安全、课程等议题提出改进或制定策略的想法与建议。初始阶段提出的这些想法和建议会由幼儿学校的校长、副校长或相关的课程领导者进行反思并酌情使用，进而起草一份书面的策略初稿。在策略定稿之前，这一书面策略初稿将送交工作人员，经过重新审核、讨论、修订并最终批准。这份所谓的"定稿"也只是暂时性策略，作为幼儿学校例行审查的一部分或对环境刺激的回应，它还需要接受定期回顾和修订。其中，环境刺激可能包括机构中的某次突发事件（例如儿童某种无法监管的行为），这会引起人们质疑当前的行为管理实践，进而反思、讨论和修改现行的策略与实践。这名校长反思了协作制定幼儿学校策略的过程：

　　在人们向你提出问题、寻求解释并基于观察和经验建议修订或删减策略时，如果你能以一名幼儿学校员工的身份坐下来，与其真正深入地讨论一项策略，那么，你就完全可以肯定，对那些负责确保策略实施的人而言，对这一策略以及对策略所指导实践的一致理解将会达到更高水平……。这一过程很棒。当我们审查时，会把策略拆解开，不断地增加或删减一些内容，直到得到"正确"的结果，然后再进一步展开讨论。

　　为学校、机构或儿童中心制定、编写一项策略的协作性过程是一个反思性过程，涉及批判性反思、讨论与规划、在实施过程中实验与观察，以及审查。如图 5.1 所示，这一过程会以循环的形式再次发生。

反思：批判性和协作性反思

- 阐释外部政策/变革或分享情境性经历（例如，与有特殊需要儿童相处的经历）
- 找出潜在问题或引发问题的原因

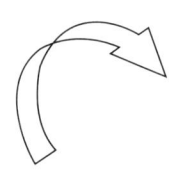

审查：环境事件

- 外部或内部；常规审查或意外的不均衡
- 外部政策（如EYFS），内部情况（如回顾学前教育机构的发展计划、难以管控的行为、特殊教育需要等）

讨论并计划协作过程

- 确定实施新政策或处理内部/情境性问题的目标
- 协同确定实现这些目标的方法

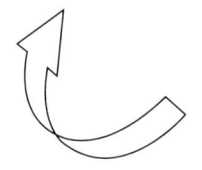

实验：实施与观察

- 实施内部或外部的变更/修订
- 观察并记录成功与失败的情况等

图 5.1　政策制定

在提及上述政策制定循环时，请使用下列反思性问题来帮助您反思自己在政策制定方面的领导力，或您在政策制定时的参与情况。请思考您的协作领导力，或您经历的协作参与的程度。

〰 **反思性问题**

对于在职的领导者

请思考一项您领导制定的政策。反思您在政策制定周期四个组成部分中的协作领导力。

（1）反思：批判性和协作性反思

（2）讨论并计划协作过程

（3）实验：实施与观察

（4）审查：环境事件

- 您的领导力的协作程度如何？
- 您如何确定您凝聚了所有员工的贡献？
- 结果如何？
- 您的协作效果如何？这一效果如何在政策实施中得以体现？
- 在领导另一项政策的制定时，您是否会采取不同的措施？

对于候选的领导者

请思考一项您参与制定的政策。反思您在政策制定周期四个组成部分中的协作领导力。

（1）反思：批判性和协作性反思

（2）讨论并计划协作过程

（3）实验：实施和观察

（4）审查：环境事件

- 您在这次经历中的协作程度如何？
- 您如何确定，政策制定中有自己的贡献？
- 您的协作经历效果如何？这一效果如何在政策实施中得以体现？
- 您从这次政策制定经历中学到了哪些可以纳入您自身协作领导力的内容？

本章小结

本章讨论了协作领导力以及发展和增强团队文化的领导力实践，以便在可以进行反思性对话的学校、机构或儿童中心建立并维持积极的人际关系。讨论部分展示了一系列反映协作领导力、团队协作和协作领导政策发展的案例研究。反思性问题使在职的和候选的领导者能思考他们的协作领导力以及如何增强团队文化。

→ 下一章将继续讨论协作领导力，并探讨在学前教育机构、儿童中心或
学校中"深化家长协作"的领导力实践。

延伸阅读 📖

Blatchford, P., Russell, A., Bassett, P., Brown, P. and Martin, C. (2007) 'The role and effects of teaching assistants in English primary schools', *British Educational Research Journal*, 33(1): 5–26.

Bush, T. and Middlewood, D. (2013) *Leading and Managing People in Education*. 3rd edn. London: Sage. pp. 124–42.

Greenfield, S. (2011) 'Working in multi–disciplinary teams', in L. Miller and C. Cable (eds), *Professionalization, Leadership and Management in the Early Years*. London: Sage. pp. 77–90.

Jones, C. and Pound, L. (2008) *Leadership and Management in the Early Years*. Maidenhead: Open University Press. pp. 25–43.

Leeson, C. and Huggins, V. (2010) 'Working with colleagues', in R. Parker-Rees, C. Leeson, J. Willan and J. Savage (eds), Early Childhood Studies. 4th edn. Exeter: Learning Matters. pp. 101–11.

第6章
协作领导力：深化家长协作

本章概览

　　本章探讨了协作领导力这一主题中深化家长协作的领导力实践。本章讨论了深化家长协作参与儿童的学前教育、学习和发展的重要性，学前教育机构、学校和儿童中心的领导者在鼓励这种参与以及促进家长与工作人员之间建立伙伴关系方面所能发挥的作用。案例研究展示了领导者与家长协作开展工作的实例，并提供了机会让读者反思该如何深化与家长的协作。此外，本章的概括性术语"家长"是指儿童的父亲、母亲或父母双方，及看护人和监护人。

　　本章将：

- 思考家长的协作参与以及为儿童、家庭和从业人员建立伙伴关系的重要性；
- 探索深化家长协作的诸多途径；
- 反思领导者与家长共事的协作领导力经验；
- 提供对家长协作进行专业反思的机会。

互惠性：家庭和学前教育机构

　　有证据表明，在家庭和学前教育机构中，家长和学前教育工作人员之间保持一致会提升幼儿的幸福感和成绩（Sylva et al., 2004）。尽管有这样的实证基础，但家庭和学前教育机构、学校或儿童中心之间的关系仍然大多是单向的，有关儿童的信息通常只是从学前教育机构及其工作人员向家长传递，极少有反方向的。随着儿童及其家庭服务的范围日益扩大，如健康服务、社会护理和教育，对与家长、家庭建立伙伴关系并互惠性地分享信息的需求和期望与日俱增。

在学前教育部门，数项政府指令试图在家庭和学校之间建立伙伴关系。在学前教育基础阶段（Early Years Foundation Stage，简称 EYFS）的课程框架中，家长被认为是孩子的第一任老师（DCSF，2008b）。在学前教育基础阶段（EYFS）发布的《蒂克尔评论》中，蒂克尔（Tickell，2011）建议家长或指定看护人与其他专业人士（例如言语治疗师）一起提供孩子的信息。学前教育机构也鼓励家长在自己孩子的学前健康档案（即红皮书）的附表中记录信息。纳特布朗（Nutbrown，2012）在她关于学前教育从业人员资格的综述中，强调了与父母的有效协作会对孩子产生积极的影响。她建议，参与学前教育与照顾培训的学生要学习如何有效地与家庭协作，并以互惠的方式与父母和看护人分享信息。同样地，从业人员也应该学习如何把家长视为最了解孩子的专家，倾听并向他们学习，共同支持每个孩子的身心健康、学习和发展。家庭协作的方式包括：进行一对一谈话，安排分享信息的活动，以及进行家访并将之视为过渡、早期干预和家庭支持项目的一部分（Nutbrown，2012）。

在下文的案例中，一名学前教育领导者阐释了她在开学初与家长分享信息的方式，以及她如何让家长参与到孩子的读写学习中。

📁 **案例研究：让家长参与**

　　埃琳娜是一所小学的开放式计划基地（open-plan base）预备班团队的领导者。她和另一位预备班老师玛丽，以及保育学校看护人苏一起工作。基地里有两个预备班，一共 60 名儿童。埃琳娜反思了自己在语言和读写学习方面，对儿童入学以及与家长协作时所采用的领导力、教育理念、教学法和实践。

当一个孩子入学时，我相信孩子的父亲、母亲或父母双方、看护人以及扩展型家庭（例如祖父母）也进入了入学状态。孩子离开了熟悉的家庭环境，进入到一个更广阔且不熟悉的环境。对于孩子及其家长而言，从一个环境转换到另一个环境的过程应该尽可能地渐进和平缓。在每周一次的计划会议上，我向我的两名团队成员和托育组织（nursery unit）的工作人员提出了过渡（transition）这一议题，并领导了围绕这一议题的讨论。通过倾听他人并重视他们的经验、专业知识与技能及想法，我们协作开展了一系列活动，让家长了解并参与孩子从家庭或托育园向学校的过渡，同时聚焦于早期读写能力的发展：

- 一个过渡计划
- 一次语言工作坊
- 一个读写知识库

过渡计划由一系列会议组成，会向家长提供孩子将来在校活动的信息，并让家长与即将和孩子一同工作的工作人员见面，特别是对孩子而言的关键人员（key person）。在一次会议上，家长体验了他们的孩子将要做的一些活动。会议组织了一些活动，家长可以绘画、玩耍、素描、调查、解决问题。家长有充足的时间向任何一名工作人员提问，这是建立积极关系的开始。此外，预备班教师和关键人员会到儿童家中进行家访，这也是家长、工作人员和儿童建立关系的开始。在入学前的半学期，儿童可以从托儿机构或家中到预备班进行一系列参观。这些参观的时长与深度会逐渐发展，会包含全新的和不熟悉的日常活动，如游戏时间、晚餐时间、故事时间，以及在大厅进行的体育课程。

语言和读写能力的发展是打开课程大门的钥匙。我想让家长参与到支持孩子的读写和语言学习中来。每天早上有一小时的时间，预备班教室会变成一个语言工作坊。每个孩子都有一张已经摆好的桌子。桌子上会放着一个写有他们名字的文件夹，里面是旨在激励和促进幼儿语言、阅读和写作能力发展的资料包。这些资料包括：一本故事书和相关的手偶或玩具，一本与这个故事相关的非小说类图书，一个基于故事书的语言游戏，以及一份根据书的某一方面内容提供的故事书写建议，还有一份给家长的信息表，上面会说明每一种资料的使用方法。

我理解一些家长由于工作原因无法参加语言工作坊，所以，我建立了一个读写知识库，这是一系列文件夹的合集，包含资源、活动和指导建议，以便家长在家里培养儿童的阅读和书写能力。其中一个文件夹包括：（1）可用来观看和收听的 DVD 版故事《邮递员帕特》①（*Postman Pat*）；（2）珍妮特（Janet）和艾伦·阿尔赫贝格（Allan Alhberg）创作的绘本《快乐的邮递员》（*The Jolly Postman*）；（3）还有一沓信纸、信封、一支笔，和一封请孩子给朋友、亲戚、老师或毛绒玩具写信的邀请函。邮寄这封信的过程或步行去邮局的经历鼓励了孩子绘制到邮局的路线图，从而增强了他们的地理知识和对当地社区的了解。儿童可以从读写知识库借阅这些文件夹，并与他们的家长、看护人、兄弟姐妹、扩展型家庭中的家人（如祖父母、叔叔、阿姨）等分享。

作为一名语言和读写协调员，我负责领导整个小学的语言和读写教学法与供给。预备班已经开始施行识字举措，并接受持续性的审查和评估。在一次全校工作人员会议上，我分享了我的发现，大家对此都很感兴趣。接下来，我将与下一年龄段的教学团队协作，开发出一个适合他们所教授的年龄班的语言工作坊。我的最终目的是为全校各年龄班的学生开设适宜的语言工作坊。

下列问题将帮助您反思如何通过领导力来深化家长协作。

〰 反思性问题

对于在职的领导者

请回顾并反思在您的机构、学校或儿童中心中，您如何领导家长的

---

① 《邮递员帕特》是一部以学龄前儿童为受众的英国定格动画连续剧。该剧讲述了生活在虚构的名为绿谷村庄的邮递员的冒险经历。该动画的第一季于 1981 年首映，多年来在英国乃至欧洲影响深远。——译者注

协作和参与。

- 您领导过家长协作的哪些方面？
- 您如何确定这对家长是有效的？
- 您如何确定这对儿童是有效的？
- 您如何确定这对工作人员是有效的？
- 关于领导和深化家长协作，您学到了什么？
- 作为一位领导者，您在未来会采取不同的措施吗？

对于候选的领导者

请回顾并反思在您的机构、学校或儿童中心中，您如何参与深化家长协作和参与。

- 您参与了家长协作的哪些方面？
- 您如何确定这对家长是有效的？
- 您如何确定这对儿童是有效的？
- 您如何确定这对工作人员是有效的？
- 关于领导和深化家长协作，您学到了什么？
- 作为一位候选的领导者，您在未来会采取不同的措施吗？

与家长的伙伴关系

在学前教育、小学和中学阶段，政府已经提出了若干方案来深化家长协作和伙伴关系运作。其中一项跨部门方案《每个儿童都重要》（*Every Child Matters*）（DfES，2004b）的主要目标之一便是要提高对家长和看护人所提供的支持的水平，包括提升信息和建议的普及程度，以及在需要时提供专家支持。《艾伦评论》（Allen，2011）通过早期干预项目深化了家长协作和伙伴关系的运作。而家长、看护人及家庭对儿童和青少年的成绩会产生最大影响这一观点也促进并支持了上述目标（DfES，2004b）。

关于家长参与儿童的学习与教育的多数文献也支持上述观点。多项研究强调，家庭和家长在儿童学习上的参与能够影响儿童在校的学习与成绩

（Arvizu，1996; Nutbrown et al.，2005; Sylva et al.，2010）。有证据表明，学校与家长的伙伴关系还可以改善儿童的动机、行为和自尊。德斯佛杰斯和阿布沙尔（Desforges and Abouchaar，2003）一致认为，在学校、学前教育机构和最为重要的家庭教育环境中，家长参与会对儿童的适应和成绩产生积极的影响。

沃尔芬戴尔（Wolfendale，1992）主张家长是孩子最好的教育者，西尔瓦等人（Sylva et al.，2004）最近的研究也支持了这一观点。他们对"有效学前教育研究"（EPPE）项目的研究发现，与作为孩子第一任老师的家长协作是一种有效的策略，因为儿童的家庭学习环境对儿童的学习和发展有着深远的影响。西尔瓦等人（Sylva et al.，2004）指出，在学前教育阶段，与家长一起干预会对儿童（尤其是3—4岁儿童）的语言、认知和自尊产生有力而积极的影响。艾伦（Allen，2011）在关于早期干预的综述中建议，应在孩子成长的早期而非晚期向家长提供他们需要的信息和支持，来让他们为孩子提供帮助，也就是说，为干预提供全方位的专业资源。他强调，从社会经济学的角度出发，家长的行为比他们所担任的角色更为重要。特别是在儿童成长的最初几年里，正确的教养方式对儿童未来的影响远大于财富、阶级、教育或其他任何常见社会因素的影响。

因此，让家长参与的举措具有多重目的，包括从提供补偿到积极促进家长权利等。爱泼斯坦（Epstein，1986）提出了一套实用的家长参与模型，并确定了家长参与的5种形式：（1）育儿技能、儿童发展和家庭学习环境；（2）家庭与学校、学前教育机构和儿童中心之间进行沟通；（3）家长在学校、学前教育机构与儿童中心担任志愿者；（4）家长参与儿童在家的学习；（5）家长参与决策、领导和治理。

在过去的30年间，家庭和学校之间的举措数量庞大、类型繁多，其性质已经逐渐从以补偿性为主，转变为以参与性、协作性与包容性为主，涉及家长、学校、机构、儿童中心和儿童。而家长参与存在多种解释，如：家长作为志愿者参与学校、学前教育机构、儿童中心的活动及拓展学校服务（例如课外俱乐部）的活动（Vincent，2012）。家长可以作为家庭的教育工作者、学校的管理者，可以为发出"家长的声音"而举办论坛，这都能在教育服务业中引入非专业的视角（Vincent，2012：24）。

"与家长的伙伴关系"（parental partnership）这一术语被广泛使用，但这个术语的含义是什么？帕夫和达菲（Pugh and Duffy，2010）发现，当家长和从业人员一起工作时，会对儿童的学习与发展产生积极的影响。这一观点的出发点在于相信所有的家长都对自己孩子的发展与进步感兴趣（Whalley and Pen Green Team，2008）。与家长的伙伴关系属于一种工作关系，其特点是目标一致、相互尊重和乐意谈判。这意味着共享信息，分担责任，共有技能，协同决策，以及一起受问责制的制约（Pugh and Duffy，2010）。此外，伙伴关系的运作应当以平等为基础，在这段关系中，没有一方拥有比另一方更大的权力（Hallet，2013）。而与家长建立有效伙伴关系的核心是这段关系的质量，这需要花费时间，需要通过尊重和信任来培养与构建（Draper and Duffy，2010）。

从提供补偿教育到积极促进家长权利，让家长参与的举措从补偿到积极促进家长权利不等。这些涉及家长参与的举措具有不同目的。伏特等人（Foot et al.，2002）试图定义"伙伴关系"（partnership）这一术语。他们认为，伙伴关系超越了参与，不仅是让家长支持并参与到学前教育活动中来。伙伴关系不仅是提供帮助和共享信息，更意味着平等和权力分配，这不可避免地会将家长纳入到决策和政策制定中去。它将朝着赋予家长权力和提高家长自我效能的方向发展。伏特等人（Foot et al.，2002）还提出，向家长提供的活动类型不应局限于直接促进儿童或"学校"发展的活动，也应使家长成为自身参与的直接受益人。例如积极参加由学前教育机构、儿童中心或学校提供、计划或宣传的课程可以提升家长的自我效能感，这能使家长意识到自身对儿童发展的影响，从而改善亲子互动以及家长在照顾儿童时所提供的活动。威利和潘格恩团队（Whalley and Pen Green Team，2008）在研究中提出，家长有自己独有的能力和专业知识及技能。想要真正认识到家长在家庭内外对孩子所能做出的实际贡献，就需要进行公开、互惠、无阶级的交流。

不同学校和学前教育机构对"与家长的伙伴关系"这一概念的设想和推广的差异非常大。在"学前教育中的有效教学法研究"（REPEY）中，通过对家长的访谈可以发现，家长对子女就读的学前教育机构所提供的机会和信息的了解与意识存在差异。这种差异表明，尽管来自许多机构的证据似乎说明了机构已经能与家长清晰沟通，但机构还是需要通过自我评估进行核查，以确保所有家长都能清楚地获得沟通渠道。例如，在一个学前班，工作人员会确保无法参加公开会议的家长能够收到包含会议信息和决策的会议记录，这份会议记录由包含英语在内的几种社区常用语言编写。也就是说，这种差异也可能意味着另一种不同的限制。来自另一家机构的一位家长对孩子就读的私营日托机构与家长间的沟通水平感到满意，而在提及家庭和学校分担责任的重要性时，她还强调了一种有趣的替代性观点："我认为这也取决于家长，你不能指望托儿所的工作人员像给孩子喂饭一样用汤匙一勺一勺地喂你。家长必须对机构所提供的东西有积极的兴趣。"

领导家长协作

随着家长参与儿童教育与发展的重要性逐渐得到认可，学前教育领导者必须评估当前的家校政策，以反映与家长共事的协作伙伴关系，即家长与学前教育工作者之间可以平等积极地进行对话（Whalley and Pen Green Team，2008）。只有家长和学前教育工作人员双方都互惠且认可这种互利状态，他们才能为儿童的学习与发展做出贡献，并由此认识到促进这种协作关系与伙伴工作关系的真正益处。

家庭和学前教育提供方之间的紧密联系，对于为儿童提供高质量的学习环境至关重要。《正确开端报告》（*StartRight report*）（Ball，1994）指出，学前教育机构的作用在于支持家长，具体措施包括：示范优秀的实践，提供当前相关的研究信息，进行适当的亲职教育（parent education）和专业支持，以及帮助家长培养并维持他们的自尊和自我效能感。家长参与和育儿课程是学前教育服务的核心，尤其是在提供一系列育儿课程的确保开端儿童中心。而罗德（Rodd，2013：222）强调了家长参与和育儿课程的三个共同主题：（1）伙伴关系——一种共同养育儿童的哲学；（2）连续性——促进家庭与机构、学校或儿童中心之间的条件和经验保持一致；（3）亲职教育——支持并培养家长的专业责任，以增强儿童的福祉、家长的乐趣和育儿的作用。

家长并非一个同质性的群体，他们可能会对教育、学前教师、学前教育工作者及家长教育者的角色持有不同的文化观念与理解。在一些文化观念中，"教师"的角色被认为与家长的角色截然不同且相互分离。下文的案例研究来自"学前教育中的有效教学法研究"（REPEY），展示了机构如何通过多种方式，让家长了解并参与到他们孩子的教育、学习和发展中。

📁 案例研究：亲职教育

取得良好和成功结果的机构通过成果记录和与关键人员召开的月度会议，定期提供信息与每周反馈。而所有这些机构的独特之处在于，它们专注于对儿童的教育内容，并定期报告儿童的成果，这为保证家庭和学校之间学习机会的一致性提供了可能。这些机构还定期地对儿童的学习进行持续性评估，这有助于在这些机构就读儿童的家长能在家中更多地参与补充性教育活动（complementary educational activities）。

我们与一起经历了这一切的家长和老师举行了一次总结大会（induction meeting），我知道他们正在评估，并将持续地评估下去。他们能够让我们知道孩子们的表现如何，但这并不是一个标准化测试，只是进行观察。他们会告诉我们所处的评估阶段，但我不太确定接下来会采取什么反馈形式，是会议还是书面报告。

这些家长会积极主动地在家中发起学习活动。与此同时，工作人员会鼓励儿童养成独立等积极的品格，儿童往往能在家自行领导和发起学习活动。某一幼儿班特别强调同伴间的社交能力，并实行了让儿童参与讨论的强有力的、相互连贯的政策。正如这名家长所言：

在儿子第一次来这里前，我们才刚开始让他写自己的名字。很多字母的排列方式是错误的，他还会漏写一两个字母。我不知道我们在家里做的事情是否会得到幼儿园的支持，我猜幼儿园可能也会发起这类活动。他刚来到这里就发生了变化，他想完成一些事，幼儿园的孩子们也变得非常独立，这也是注定的。当他回到家，我发现他想让我教他如何做事。所以，当他在幼儿园做类似的事情时，都已经不成问题了。

这里提供的一些案例说明了这些机构的学前教育领导者深化与家长的伙伴关系的方法，揭示了对从业人员的几点启示：

有时，家长会想知道我们为什么以某种特定方式行事，而且他们似乎对我们的解释感到非常满意。我认为部分原因是，在家长第一次参观幼儿园时，我们已经先观察了家长半个学期。在那段时间里，我们向家长解释了我们的理念，并试图通过邀请他们参观、让他们看到孩子们会做的活动，来展示幼儿园的部分精神风貌。我们会跟他们说："孩子们正在做科学活动，看起来就是这样的。""这些孩子正在做数学活动，但看起来是这样的。"

这位独特的学前教育领导者还继续解释了她如何用案例来阐明幼儿园的方法和活动：

我倾向于以我们期望低年级孩子能做的一些艺术活动为案例，展示出这项活动的跨学科程度有多强。我们可以这么说，孩子们参与活动时会互相交谈，他们可能会为家人画一幅画，会讨论家人穿了什么，衣服是用什么制成的，爷爷奶奶是否在画面中，然后谈论家族的历史。这样描述就是想试着向家长解释，这是孩子以后要经历的所有其他事情的雏形。

家长有真正的机会获得必要的支持。通过向家长提供这种服务以及暂时离开孩子的时间，工作人员就能在不经意间使支持家长的过程合理化。一间宽敞的家长室可以用于组织聚会和会议。每个家长小组每周举行一次会议，会议由附近一家健康中心的多机构专业人士领导。当家长们相互交谈并接受建议时，幼儿园的工作人员负责管理母育学校（crèche）。此外，在开放夜（open evenings），家长们被邀请进入幼儿园时，工作人员会为那些经常参加活动的儿童的弟弟妹妹们提供合适的玩具。

家长参与的伙伴关系强调一种合作与协作的工作方式，而不仅是一次联谊活动。在这种方式中，家长能够根据自身对其他工作和家庭的投入来决定参与水平。在位于科比[①]的潘格恩中心（Pen Green Centre）[②]和位于意大利北部的瑞吉欧·艾米利亚（Reggio Emilia）幼儿园案例中，家长都和从业人员建立了强有力的伙伴关系，这种伙伴关系赋予了双方权力，并有利于儿童的学习和发展（Abbott and Nutbrown，2001）。这种工作伙伴关系的基础是平等却又各自做出不同的贡献，并共享义务、分担责任（Rodd，2013）。而这都始于学前教育领导者对家长参与和协作工作的投入，以及将这种教学法纳入策略以供实践的做法。此外，还可以设立一名由家长担任的协调员，来领导政策并监督实践。

　　下文案例摘录自"学前教育中的有效教学法研究"（REPEY），是一位学前教育领导者为倾听家长的声音而实施的方法案例。

📁 案例研究：家长的声音

　　来自一家私营幼儿园的学前教育领导者通过问卷调查定期回顾家长的态度，以查明家长及看护人对一系列相关议题的意见。调查问卷的发放是为了让家长能够表达他们的意见，一些家长提到，这是能够产生影响并带来改变的有效渠道，例如菜单和安全的议题。问卷邀请家长就以下内容发表评论：

- 工作人员和机构对家长的欢迎程度；
- 家长与工作人员沟通的时间是否充足；
- 与资深领导者接触的便利性；
- 教育项目、程序、常规和安全等信息的传播；
- 所传播信息（例如简报）的相关性和实用性；
- 工作人员的态度；
- 咨询机会；
- 提供的服务是否物有所值；

---

① 科比（Corby）为地名，位于英格兰北安普敦郡（Northamptonshire）。——译者注
② 潘格恩中心作为一项实质性五年计划的一部分而设立，现合并在 20 世纪 30 年代创立的一所综合性学前学校。该中心为儿童及其家庭提供高质量的教育和照顾。——译者注

- 菜单；
- 其他关于总体满意度的议题。

这份调查问卷请家长对上述内容从 0—10 分进行评分，并留出空白，以收集改进意见或总体评价。问卷收集后，整理好的信息会提交给工作人员，以便讨论和确定行动要点。然后，这些信息会被反馈给家长。就国家和地方当局的要求和标准而言，这种调查问卷和回应家长意见的方法有着强大的支持和保护作用，特别是匿名建议的方式能引发家长的真实反应。一位家长反思了她的参与：

我们被要求填写一份调查问卷，让我们提供建议或指出问题。当然，我们也可以填写感到满意的事情。我们总能从中得到反馈。在收集完所有问卷并整理好信息后，你就会收到反馈。有一年，菜单公布后，有家长对儿童的食物种类提出了意见，并尝试修改菜单。从这一层面来说，我们参与其中了。我在一份简报中读到，工作人员正在考虑为即将上小学的儿童家长举行某种会议。如果我们愿意，我们也可以对课程和儿童所做的活动发表意见。你总会觉得自己是被倾听的。

本章的多个案例研究提供了一系列与家长一起协作的方式。下列问题为在职领导者提供了思考以协作的方式领导家长参与的机会，为领导候选人提供了反思参与过的家长工作的机会。

〰 反思性问题

对于在职的领导者

对于家长参与的某一方面，请反思您引导过的一种方式，并用简短的叙述来说明这一点。

- 您认为自己是否以一种协作的方式进行领导？如果是，这是如何实现的？如果不是，原因是什么？
- 您认为自己与家长是否基于平等的伙伴关系进行工作？如果是，这是如何实现的？

- 您如何确定这一伙伴关系是有效的？伙伴关系对家长、儿童、从业人员和其他利益相关者有什么好处？
- 请思考您在深化家长协作方面的协作领导力。您对自己的领导力有哪些了解？您会采取什么不同的措施？

对于候选的领导者

对于家长参与的某一方面，请反思您参与过的一种方式，并用简短的叙述来说明这一点。

- 您认为家长和从业人员之间是合作关系吗？如果是，这是如何实现的？如果不是，原因是什么？
- 您认为家长与从业人员之间是平等的伙伴关系吗？如果是，这是如何实现的？如果不是，原因是什么？
- 您认为在这一方面的家长参与是协作领导式的吗？如果是，这是如何实现的？如果不是，原因是什么？
- 您如何确定这一伙伴关系是有效的？
- 这一伙伴关系对家长、儿童、从业人员和其他利益相关者有什么好处？
- 请思考领导并深化家长协作时，您对协作领导力有哪些了解？作为一名领导者，您会如何深化家长协作？

☐ **本章小结**

本章探讨了协作领导力这一主题下深化家长协作的方法。通过领导力实践案例，讨论并说明了在学前教育阶段、家庭中和过渡阶段，以及在学前教育机构、儿童中心和学校中，促进协作参与和家长协作的重要性。在职的和候选的领导者有机会反思与家长协作和以协作的方式引导家长参与。

→ 下一章将定义学前教育领域有效和关怀领导力中的第三种领导力主题——赋权领导力，并考察促进他人的主体性的领导力实践。

延伸阅读 📖

Clarkin-Phillips, J. and Carr, M. (2012) 'An affordance network for engagement: increasing parent and family agency in an early childhood education setting', *European Early Childhood Education Research Journal*, 20(2): 177–87.

Dockett, S. and Perry, B. (2012) '"In kindy you don't get taught" : continuity and change as children start school', *Frontiers of Education in China*, 7(1): 5–32.

Needham, M. and Jackson, D. (2012) 'Stay and play or play and chat: comparing roles and purposes in case studies of English and Australian supported playgroups', *European Early Childhood Education Research Journal*, 20(2): 163–76.

Neumann, M. M. and Neumann, D. L. (2010) 'Parental strategies to scaffold emergent writing skills in the pre-school child within the home environment', *Early Years*, 30(1): 79–94.

O'Conner, A. (2013) *Understanding Transitions in the Early Years: supporting change through attachment and resilience*. Abingdon: Routledge.

Rodd, J. (2013) 'Building shared understanding with parents and the public', in J. Rodd (ed.). *Leadership in Early Childhood*. 4rd edn. Maidenhead: Open University Press. pp. 219–42.

第7章
赋权领导力：促进他人的主体性

本章概览

　　本章定义了有效和关怀领导力中的赋权领导力这一主题，并探讨了促进他人主体性的领导力实践。领导者影响他人和赋权他人进行领导的能力是一项核心的领导力实践。通过分布式、共享式和变革式领导，这种领导力实践能在组织内培养个人的领导能力和才能，并助力其未来发展。

　　本章将：

- 思考领导者影响他人，并在领导他人和组织时赋予他们自信的重要性；

- 探索在变革式、分布式和共享式领导力中发展领导能力和主体性的途径；

- 反思赋权领导力实践的经验。

影响式领导力

罗德（Rodd，2013）对领导力提出了一个相当详细的、可操作的定义，试图阐明领导者角色的复杂性。领导力可以被描述为一种过程。通过这一过程，某人设定特定的标准和期望，并影响他人，令他人以一种被期望的方式行事。领导者是能够通过影响他人的行为而达成既定目标的人。他们拥有一系列特殊且难以捉摸的品质和技能，这些品质和技能相互整合，形成了一种能力，使他人主动完成领导者自己想做的事。领导者能够权衡对工作、任务、质量和生产力，以及对人员、人际关系、满意度和士气的关注。领导者能将创新和变革的方向与当前持续且稳定的兴趣相结合。他们通过运用个人品质来实现这一点，而这些品质能赢得尊重，增进他人的信任和安全感。领导者还负责设定和阐明目标、角色和责任，收集信息，进行规划，做出决策，并通过交流、鼓励及认可承诺和贡献，让整个团队参与到这一进程中来。

有影响力的领导者赋权他人，并提升领导者的主体性，以改善组织并促进领导力实践。这种领导力知识、品质、技能和行为反映在《确保开端项目儿童中心的领导者国家标准》（*National Standards for Leaders of SureStart Children's Centres*）的一项标准中，即"塑造现在、创造未来"和儿童中心领导者要"识别并促进有潜力的未来中心领导者的发展"（DCSF，2007：13）。而《确保开端项目儿童中心的领导力国家标准草案》（*Draft national standards for leadership of SureStart children's centre services*）（Siraj-Blatchford and Hallet，2012：12）的"领导人员和有效团队"标准则深化了影响力对领导力的贡献，儿童中心领导者必须发展、启发和激励个人与团队，认识和运用优势，并在儿童中心和更广泛的儿童服务内部、各类服务之间与超越此服务的范围之外，发挥真正的榜样作用，以影响他人。

在领导力的诸多定义中，一个核心要素是存在影响过程（Bush and Glover，2003）。在这个过程中，有意影响是由个人、群体或团队对个人施加的，通过在群体或组织中构建活动和关系实现的（Yukl，2002）。影响式领导力可能是个人的或团队的领导力。下文是来自"学前教育实践中的学习领导力研究"（LLEaP）的学前教育领导者的反思，说明了在领导力实践中激励和影响行为的重要性。

📁 案例研究：领导者的反思——影响式领导力

萨姆是一名游戏小组领导者，这个以社区为基础的游戏小组位于教堂礼堂。在反思自己的影响式领导力实践时，她说道：

我把自己看作一只"工蚁"，一个不断寻求灵感、新想法和帮助他人实践的人。我学会了倾听别人的意见，并鼓励他们提出自己的想法。在给予他人动力和赋予他人价值时，领导力才是有效的。游戏小组中最重要的是各位工作人员，每个人都得到了重视并参与其中，每个人的想法、意见和优势都可以被用来探寻最佳组合。他们都是游戏领导者（play-leaders），影响着我们与孩子及其家庭共同进行的活动。有些人会设计活动并带头，我们能从中相互学习并分享想法。

如果我参观了另一个游戏小组并看到一个有趣的活动，我会和孩子们一起尝试，并与他人分享。通过展示和影响，我能够发展和支持实践。上周，我去了附近的一个游戏小组，几位游戏领导者在当地的公园和孩子们一起玩降落伞游戏。孩子们跑进、跑出，穿过降落伞或躲在下面，游戏领导者控制降落伞向上升高到空中，或向下降落到地面。孩子们既进行了户外活动，锻炼了身体，又玩得非常开心。

作为教育工作者，我认为，这项活动有助于孩子们发展对数学的理解①，他们能以一种身体参与的、有益健康的方式体验数学语言。因此，我借了一天的降落伞，并在我们游戏小组的操场上和孩子们玩了类似的游戏。对孩子们来说，五彩缤纷的降落伞就像磁铁一样充满了吸引力，游戏领导者也对这项游戏资源感到着迷。我一个接一个地向他们展示了结合降落伞可以玩的各种游戏。一天下来，所有的游戏领导者都和孩子们玩了降落伞游戏。最后，我不得不把降落伞还回去。在下一次员工会议上，我们评估了降落伞活动及其为孩子们提供的学习经验。我分享了对数学语言的想法，以及对孩子们通过降落伞游戏收获的体验的认识。通过讨论，游戏领导者决定将降落伞作为游戏小组的户外学习资源。我正在查询降落伞的

---

① 如上、下等空间方位概念。——译者注

> 价格，还准备把购买降落伞的提案递交给游戏小组委员会，并在下次会议上讨论。反思了自身通过示范引导的领导力实践后，我对幼儿的数学学习有了一定的认识和理解，并通过与游戏领导者一起工作及领导他们而对他们产生了影响。

领导者促进他人的主体性和影响他人的能力是变革式领导力（transformational leadership）的关键属性。下文将继续讨论变革式领导力的特征和属性。

变革式领导力

变革式领导力是领导者通过强烈的情感依恋和关系来促进个人、团体或组织超越预期表现的过程。变革式领导者既影响追随者，也会受追随者的影响；不仅能够领导团队，也能够培养领导者（Diaz-Saenz，2011）。变革式领导者似乎更有可能采取行动，这些行动能为追随者赋权或使其成为伙伴，进而实现愿景和重要目标（Yukl，1999）。变革式领导力是多维度的，贝斯（Bass，1985）提出了变革式领导力的四种领导行为：

- 理想化影响；
- 鼓舞性激励；
- 智力性激发；
- 个性化关怀。

能产生理想化影响的领导者会成为他人想要追随甚至效仿的榜样。能够创造鼓舞性激励的领导者，会形成清晰的愿景和发展路径，并通过这一路径来激励团队，使得团队实现愿景。表现出智力性激发的领导者能够鼓励他人进行创新与创造，以新颖的方式解决问题，并检验现有的假设。表现出个性化关怀的领导者将每个追随者视为独立的个体，考虑他们的个人需求、能力和愿望，通过训练、指示和引导来帮助个体发展优势（Diaz-Saenz，2011）。

有效的领导者能转化或改变追随者的基本价值观、理念和态度，使他们愿意表现得优于组织规定的最低水平（Podsakoff et al.，1990）。本章后文的案例研究"培养领导力"展示了一位变革式领导者带来的影响，她通过鼓舞人心的影响力培养工作人员的领导力实践，使工作人员提升了个人信心和职业信心，强化了领导力知识、理解和技能，推动了领导力之旅和职业生涯，并最终离开原来的学校去其他组织承担领导者角色。创造鼓舞人心的动机的领导者能为追随者的未来发展绘制一幅清晰的图景，并培养团队精神。表现出个性化关怀的领导者像对待个体一样对待每一位追随者，考虑他们的个人需求、能力和抱负。领导者帮助个体发展自身的优势，并花时间训练和指导他们（Diaz-Saenz，2011）。基于变革式领导力的多维度本质，伯德萨科夫等人（Podsakoff et al.，1990：112）提出了如表 7.1 所示的六种领导力行为及标准。

表 7.1　变革式领导力行为（adapted from Podsakoff et al.，1990：112）

> **识别和阐明愿景：** 旨在为他或她所在单位 / 部门 / 公司寻求新的机会，并通过他或她的未来愿景来发展、阐明和激励他人的领导者行为；
>
> **提供合适的模型：** 为工作人员树立的榜样与领导者所信奉的价值观相一致的领导者行为；
>
> **促进团队认可目标：** 旨在促进工作人员之间的合作，并使其朝着一致的目标共同努力的领导者行为；
>
> **高表现的期望：** 期望追随者变得卓越，并产生高质量和（或）高表现的领导者行为；
>
> **提供个性化支持：** 尊重追随者，关心追随者的个人感受和需求的领导者行为；支持领导力发展，支持旨在促进职业发展的专业学习；
>
> **智力性刺激：** 挑战追随者，让他们重新审视自己的部分假设，并重新思考如何发挥领导力的领导者行为。

对各国文化背景下变革式领导力的使用和有效性的研究（Den Hartog et al.，1999）发现，变革式领导的各个方面在国际范围内均得到了应用。领导力行为与文化息息相关。基于文化差异，在非传统、更崇尚自由主义的西方文化中（诸如美国和英国），变革式领导关系会更加牢固，而在尊崇等级制度的文化传统中，变革式领导关系则被视为一种较弱的领导力风格。还有研究发现，推行集体主义文化（如韩国）增强了变革式领导力的效应，促进了追随者为集体而工作的动机；而在更强调个人主义、人们追求为自身利益而工作（Jung et al.，2009）的社会（如美国），则未发现这种效应的增强（Diaz-Saenz，2011）。

变革式领导力对影响和赋权他人在学前教育领域发挥领导作用的贡献，对于培养工作人员的领导能力，以及确保学前教育机构、学校、中心或服务的可持续性都具有重要意义。下文将继续思考实现组织和劳动力的可持续性的方法。

培养领导能力

对于领导力如何表现的理解和期待，主要源于我们及他人对儿童、童年的设想，以及对我们的专业自我（professional self）和专业身份（identity）的构思。传统上，学前教育从业人员的形象是有爱心、有能力的女性，负责照顾无忧无虑的儿童，这给人一种过时的"玛丽·波平斯"①（Mary Poppins）的感觉，即妇女是一种培养和照顾他人的被动角色（Woodrow and Busch，2008：89），而不是一种自信积极的领导者角色。

在英国国内与国际范围中，专业性与领导力之间不断演变的关系（Miller and Cable，2008）发展出了"积极主义专业人士"（activist professional）这一概念，这类人员跨越了专业、家长和社区的界限，能与他人积极互动（Woodrow and Busch，2008：90）。积极主义专业人士的身份建立在民主原则的基础之上，具有协商性、协作性、社会批判性、未来导向性、战略性与谋划高明等特征（Groundwater-Smith and Sachs，2002）。"行动中的领导力"（leadership-in-action）（Woodrow and Busch，2008：91）这一构想应运而生，这种新的领导力生长于、适应于且跨越了传统的健康、社会和教育等专业的

---

① 玛丽·波平斯是电影《欢乐满人间》的女主人公，作为保姆兼家庭教师，她帮助影片中的两个小朋友重拾欢乐，教导他们如何克服生活中的困难，并让小朋友的父母体认到亲子温情的可贵。——译者注

界限。这一源于澳大利亚的构想符合新兴的专业性与专业身份，与具备专业和政治主体性的领导力一道，变革、改善儿童服务。

在与儿童及其家庭一起工作时，学前教育从业人员所表达和实践的特有热情（Moyles，2001）是激励自身在日常工作和领导力中发挥主体性的一种力量。在学前教育研究生领导者影响和激励他人的实践中，热情也被认为是一项关键驱动力（Hallet，2014）。将领导力理解为一种"情境式行动"（situated action）可以鼓励学前教育从业人员视自身为领导者（Woodrow and Busch，2008：90）。

在学前教育机构、学校、儿童中心和服务中，领导力是由具体情境而定的（Siraj-Blatchford and Manni，2007）。通常情况下，学前班这类机构的规模和人员数量都比较小。情境式领导力是在社会与文化情境下构建的，并涉及与他人的关系（Woodrow and Busch，2008）。而包容式领导力的理念是通过有效关系促进协同工作（Rodd，2013)。共享和包容式领导力能使小型团队的运作变得切实可行，也能为儿童及其家庭提供多方面的服务供给，这是单独的某一位领导者难以实现的。在学前教育机构、学校、儿童中心或服务中，发展一支具有领导力的队伍（Raelin，2003）有利于从内部培养学前教育从业人员的领导力和才能。团队的生存和发展取决于通过系统来培养领导力，而不是倚仗单个领导者的力量（Goleman，2002）。在下文的案例研究中，一位学前教育领导者回忆了自己与一位会培养员工领导能力的校长共事的经历。

📁 **案例研究：领导者的反思——培养领导力**

雷阿纳是一所新建小学的新任校长。她很享受和员工团队携手，共同面对政策制定、服务供给和实践等建立一所新学校时所面对的挑战。她正在发展民主包容的领导力风格，希望工作人员贡献、制定并"主导"形成学校服务供给和实践的各类政策。她曾问自己："我是怎么获得这个领导职位的？我为什么要发展这种领导力风格？民主包容需要我花费时间倾听所有观点后才能制定政策，如果我是一名专制的领导者，直接宣布大家要做的事情，那会容易得多！"

　　她反思了自己的包容式领导力经验，当时她正与一所大型小学的校长共事。她多次从其他学校的老师那里听到这样的评论："噢，如果你在ABC学校工作，你就能取得进步，很多权威的校长和副校长都在那里工作过。"这与她自己的经历非常相似。有六名教师与雷阿纳同期在这所学校开始工作。四年后，这六名教师中的五人担任了校长之类的领导者角色，另一人则在大学担任学前教育基础学位课程项目的负责人。这位校长叫克丽斯，她的领导力风格是包容式、赋权式的。她会确定工作人员的专长、优势和领导潜力，为他们提供领导课程和工作人员的机会，并通过提供专业发展机会、认可工作人员的作用和承担的责任来进行支持。

　　克丽斯校长给了我一个进行领导，发展我的领导力知识、理解和技能的机会。当时，为了开发一种创造性的课程教学法，学校举办了艺术周。艺术周项目的安排是由家长和工作人员为儿童提供创意活动，而常规的课程计划则被延迟一周。校长让来自婴儿部（infant department）的我和小学低年级部（junior department）的保罗负责这个项目。我们两个人都只是授课老师。起初，我还懊恼为什么是我！我觉得这个任务有点超出了我的舒适区。我与保罗一起工作，开始时我们共享了领导力。我们从家长和工作人员那里收集活动的点子，还为艺术周设计了活动方案和时间表。家长们教孩子们做木箱、插花、跳排舞、做木偶、唱歌和弹班卓琴。工作人员带着孩子们去城里的剧院看哑剧，并邀请了一个马戏团来教孩子们抛接球等杂技，还安排了一个舞蹈团来教孩子们跳印度舞。从活动方案可以看出，艺术周期间的领导力得到了共享。我负责婴儿部，保罗负责小学低年级部。我们负责领导并协调各自部门策划的活动、资源和工作人员。每天下午工作结束时，我们会召开评审会议来反思当天的活动和我们的领导力。

　　在艺术周结束时，我已经被推出了作为授课教师的舒适区，进入小学这更广阔的区域。通过领导艺术周，我获得了对个人和职业的信心及关于领导力的知识、理解和技能，也对自己的领导力教学法有了更深刻的认识。我意识到，校长给我的这次领导机会发展了我的领导能力。这让我尝到了领导力的滋味，也为我未来的领导者角色和职责打下了基础。

以下问题能帮助您反思自己在培养领导力方面的经验。

〰〰 **反思性问题**

对于在职的和候选的领导者

请思考您得到的某次展示领导力的机会。

- 请描述这一领导机会。
- 谁给了您这次机会？
- 您做了什么？
- 您是如何领导的？
- 您从中学到了哪些关于领导力的内容？
- 从自己的领导力实践和能力中，您学到了什么？
- 请说明您做得好的某一方面领导力。
- 请说明您需要改善的某一方面领导力。

关于学前教育从业人员资格的《纳特布朗评论》（Nutbrown，2011：46）和《基础阶段质量报告》（*Foundations for Quality*)（Nutbrown，2012）都强调了包容式领导力的理念，即每位合格的从业人员都能在某些方面发挥领导作用，比如在一个团队、班级或机构中。因此，发展组织内的领导力和才能对于组织的可持续性是非常重要的。分布式、共享式和参与式领导力通过赋权建立领导能力，下文将继续思考教育情境和综合性实践中的分布式领导力。

分布式领导力

分布式领导力的模式要求摆脱领导者作为关键个体的传统视野，转向一种更加集体化的视野，即领导力的潜能取决于各种正式和非正式的领导者，就本质而言，就是在一个组织中实现人力潜能的最大化。这种领导力模式与参与式或协作式领导力等概念有着明确的联系（Leithwood and Levin，2005）。伍兹等人（Woods et al.，2005：441-4）提出了分布式领导力的三个显著特征。第一个显著特征与协同行动相关（Gronn，2002），即意识到应汇集所有可用的利益相关者的举措、专业知识与技能，而不是仅依赖于一个利益相关者的举措、专业知识与技能，这将产生强于个体行动总和的成果或能量。第二个显著特征是"边界的开放性"，指的是将潜在领导者扩展到包括家长在内的所有社区成员。第三个显著特征是"基于专业知识与技能的领导力"（与上述第二个特征相关），指的是将专业知识与技能贯穿整个组织的内部和外部，在一种"相互信任和支持的文化"中，这种专业知识与技能可以最大限度地发挥人力潜能。

领导力应该更具参与性而非指示性，更具赋能性而非表现性，这是分布式领导力的倡导者所认同的。哈里斯（Harris，2002：3）将分布式领导力定义为"在一个组织中，遵循专业知识与技能的逻辑，通过一种共同的文化，让不同来源的指导和方向相互贯通一致"。这一定义承认了正式领导者（如校长、机构或中心领导者）高度积极的作用，认为要创造一种可以显露真正的分布式领导力的氛围和环境。成功的组织能够将高层强有力的"个人化"领导力与"分布式"领导力融为一体。缪斯等人（Muijs et al.，2004：166-7）支持这种分布式领导力的观点，他们的结论是："虽然学前教育从业人员致力于提高专业性，但实现这一目标最适宜的方法不是通过企业家式的途径（entrepreneurial approaches），而是通过协作式、合作式和社区导向的路径。"

在讨论教育标准办公室（Ofsted，2003）关于领导和管理的报告时，大卫·贝尔（David Bell）的观点支持分布式领导力的这种愿景，他说道：

的确，领导和管理不再是校长个人的责任……。在所有学校提高标准、促进社会融合的过程中，如果想要应对所面临的全新挑战，就必须在整个学校的组织机制中发展高质量的领导和管理。

营造出一种真正有利于分布式领导力的氛围并不容易，尤其是考虑到分布式领导力的评判标准和目前的教育问责制之间存在的割裂现象。杰克逊（Jackson，2003：xiv）在思考如何为改善学校而培养领导力的才能时，阐述了实行分布式领导力模式的复杂性，并提出最大的挑战是将目前"学校是一个组织的概念"重塑为一个不断变化的有机体。他强调，实现这一重组版本的学校的唯一途径，就是实行成功的分布式领导力，由此产生了一个悖论。

　　变革式领导力会影响教师协作。伍兹等人（Woods et al.，2005）强调了情境对于分布式领导力能否显露至关重要，一些情境有利于创造并维持使分布式领导力得以发展的相关条件，但同时，另一些本质上属于等级性或指示性的情境则会阻碍分布式领导力的显露。华莱士（Wallace，2001）在强调分布式领导力的风险时，指出了阻碍校长或机构领导者放弃控制权的威慑力量。校长们面临着加剧的两难困境，对同事更深的依赖驱使着他们更倾向于分享领导权。然而，在前所未有的问责氛围中，校长们可能会被禁止共享领导力，因为共享领导力本应使同事能够以一种领导者的方式自信行事。此外，崇尚分布式领导力的校长在分配领导力和责任时，还必须把握全局并监控结果。关于在学校情境中推行真正的分布式领导力和民主的可行性，哈奇尔（Hatcher，2005：256）提问道："战略权力最终归属于何处？是校长，还是与学校直接相关的所有人员？"根据政府指令和社会期望，这一责任最终仍然归属于领导者。哈奇尔进一步提出，在校长主导的权力等级下采用参与式方法，可以创设出更适宜的学校管理制度。参与在名义上是包容的，而权威是排他的。

综合性实践中的分布式领导力

　　领导力属于每一个人，而且在集体领导团队中应当分配和共享领导力，这一理念是在综合性实践中领导多学科团队的核心。在负责分配领导任务与职责的指定领导人审慎的行动之下，团队集体承担了不同的领导角色、行动和职能（Jones and Pound，2008）。在由健康、教育和社会服务领域的专业人士组成的多机构团队协作的综合性实践中，这一点尤为明显。

　　在儿童中心和儿童服务中提供综合性实践，需要制定各种方法来争取为儿童取得更好的健康、社会和教育成果。这涉及对已经习惯于在健康、社会和教育领域服务的、狭隘的、以专业服务为基础的工作人员进行文化变革（Siraj-Blatchford et al.，2007）。面对一系列新兴的领导力角色，如家庭支持团队领导者、家长顾问团队领导者、干预协调员和扩展学校（extended school）

的服务协调员等，人们需要改变关于领导力的观念（Duffy and Marshall，2007）。要从单一的领导者转变为专家团队领导，并意识到，每一个专家团队都有一群具有领导力的专家。在确保儿童及其家庭受益于互补的专业学科和协同工作方面，多元化跨学科团队的领导者面临着挑战和机遇（Siraj-Blatchford et al.，2007）。

领导多元化伙伴关系是《确保开端项目儿童中心的领导力国家标准草案》（Siraj-Blatchford and Hallet，2012）中的国家标准之一。儿童中心和儿童服务的领导者有责任通过领导多元化伙伴关系，在多专业工作中领导综合性实践。领导多元化伙伴关系涉及促进和引领某种文化，这种文化能够在儿童中心服务内和跨服务间反映和尊重当地社区与机构的多样性，并有能力发展、激励和促进跨学科团队，来有效发挥团队的个人优势和集体优势，且尊重专业知识。这样的领导者营造了一种相互信任与尊重的氛围，能促进有效的伙伴关系、沟通、协作和综合性实践工作，并鼓励、动员、联系和支持多机构从业人员共同努力，为儿童和家庭的生活带来集合式影响。有效的团队领导力崇尚分布式和共享式领导力，这使得团队成员之间可以进行高质量的互动，并营造出信任和开放的文化以及共同的理解（Rodd，2013）。综合性实践涉及服务供给的结构性、关系性和参与性途径。这些途径之间的相互作用鼓励了参与式领导力与协作领导力（Davis and Smith，2012）。以下问题将帮助您反思在教育性与综合性情境下分布式和共享式领导力的经验。

〰 反思性问题

对于在职的领导者

请思考一个您与他人分配和共享领导力的情境。

- 请描述这一领导力情境和经验。
- 你们为什么要分配和共享领导力？
- 您和谁共享领导力？
- 您为什么选择他们？
- 您如何分配领导力？

- 您的角色是什么？
- 这次共享领导力的体验让您感受如何？
- 请您从这次经验中，明确分布式领导力的一个关键学习要点。

对于候选的领导者

请思考一个您与他人分配和共享领导力的情境。

- 请描述这一领导力情境和经验。
- 您和谁共享领导力？
- 谁让您共享领导力？或者，您是自愿共享的吗？
- 你们为什么要分配和共享领导力？
- 您如何分配领导力？
- 您的角色是什么？
- 这次共享领导力的经历让您感受如何？
- 请您从这次经历中，明确分布式领导力的一个关键学习要点。

☐ **本章小结**

　　本章讨论了通过影响力赋权他人，在员工团队中培养领导能力和在组织内发展领导能力的领导力实践。其中，主要探讨了在英国国内和国际背景下，作为领导者提升团队或组织表现过程的"变革式领导力"。还通过教育和多专业情境，讨论了与他人共享领导力的"分布式领导力"。此外，案例研究提供了领导力实践的例子；反思性问题为在职的和候选的领导者提供了机会，以反思自身对于赋权领导力实践的经验。

→ 下一章将继续讨论学前教育的有效和关怀领导力中赋权领导力这一主题，研究变革过程中的领导力实践，以及领导者在学前教育组织内领导变革的作用。

延伸阅读 📖

Davis, J.M. and Smith, M. (2012) *Working in Multi-professional Contexts.* London: Sage.

Dumay, X. and Galand, B. (2012) 'The multilevel impact of transformational leadership on teacher commitment: cognitive and motivational pathways', *British Educational Research Journal*, 38(5): 703–30.

Osgood, J. (2012) *Narratives from the Nursery: Negotiating Professional Identities in Early Childhood.* London: Routledge.

Woodrow, C. and Busch, G. (2008) 'Repositioning early childhood leadership in action and activism', *European Early Childhood Education Research Journal*, 16(1): 83–93.

第8章
赋权领导力：领导变革过程

本章概览

　　本章探讨了在学前教育的有效和关怀领导力中，在赋权领导力这一主题下领导变革过程的领导力实践。对于学前教育机构、学校、中心和服务的领导者而言，他们所需的关键技能之一是了解变革的过程，并领导、实施与维持内外部共同推动、共同要求的变革。这一点尤为重要，特别是在当前学前教育部门变革的背景下，处于领导职位的人员日益受到关注并经常被问责。

本章将：

- 思考组织改进的变革过程；
- 探索领导变革中的催化式领导力；
- 讨论学校改进中的系统式领导力；
- 反思领导者领导变革的经验；
- 为领导变革提供专业反思的机会。

变革的情境

　　变革就在我们身边，是我们日常生活的一部分，包括转型、改良、适应及调节。地方和社区举措、全国性政府政策、国际协议（例如 1989 年的《联合国儿童权利公约》以及欧盟 2002 年的《巴塞罗那目标》），都反映出学前教育格局正在发生演变，而变革是这一格局的一部分。但对世界上任一国家的学前教育政策而言，国际公约和宣言并非唯一的影响途径。福禄贝尔、蒙台梭利、维果斯基和皮亚杰的思想与教学理论，以及意大利北部瑞吉欧·艾米利亚幼儿园和新西兰特威利卡（Te Wharika）课程 ① 的教学实践，都能影响学前教育服务供给和实践的变化（Baldock et al.，2013）。

包括艾伦、菲尔德、芒罗、蒂克尔、纳特布朗等人的评论（2010-12）以及特拉斯报告《更优质的幼儿保育》（More Great Childcare）（DfE，2013）在内，在英格兰政府审查和随之而来的政策改革氛围中，学前教育领导者、学前教育工作者和教师正在变革的、新兴的学前教育格局中开展工作。学前教育领导者正是引导政府政策关注学前教育的服务供给和实践的先锋。领导力是变革的主体，领导者是变革的创造者（CWDC，2008）。威利认为，这一领域重大变革的总体目标是：提高专业性水平，提高儿童和家庭服务供给的质量。

变革增加了不确定性与模糊性（McCall and Lawlor，2000）。个人和组织对变革的反应会影响变革的有效性。下文的两个案例来自"学前教育中的有效教学法研究"（REPEY），两位领导者的反思凸显了一些领导者在协调课程传递的变革时所面临的困难。

> **📁 案例研究：领导者的反思——对变革的反应**
>
> 托儿所中，一班的老师认为，课程变革影响了她在必须应付的大量文书工作中的角色，变革的速度也同样产生了影响："你刚把一件事想清楚，没过多久，你就不得不做出更多改变。"对于政府自上而下的策略和期望，整个教育系统似乎都会对这种想法和抱怨产生共鸣。当然，她也认同这些发展改善了她的实践。事实证明，她掌握了正在实施或传达的策略的所有权，而非完全不经反思地就尝试将这些策略运用于自己当前的机构和实践中。

---

① 特威利卡课程是新西兰的一个学前教育课程，于 1996 年首次推出，并于 2017 年进行改版。该课程旨在培养有能力且自信的学习者与沟通者，使孩子们具备健康的思想、身体和精神。这个课程将儿童置于中心，并倡导学习者参与各类学习环境。——译者注

> **来自托儿所二班的老师反思了她对政府指令变革的态度：**
>
> 我们一直非常谨慎，不会随意紧跟趋势，不会从一个体系轻易地跳到另一个体系，而是一直在努力以更微妙的方式做出调整。我们所做的任何改变都处于正在做的事情范围之内，所以当改变发生时，它几乎不可察觉。但随着时间的推移，你就会发现已经有了相当大的变化……（例如）我们已经确保自己理解了课程指南的内容，也花费了时间将其与目前的实践相匹配，我们发现，无论以何种方式看待，我们目前的实践都能很好地符合课程指南的要求。

要领导变革，重要的是了解变革的过程，以及领导者在策划变革时扮演的角色。如图 8.1 所示，在审查和实施变革的循环中，作为组织发展主体的变革过程一共包括三个阶段。

1. 成为变革主体；

2. 审查；

3. 参与变革。

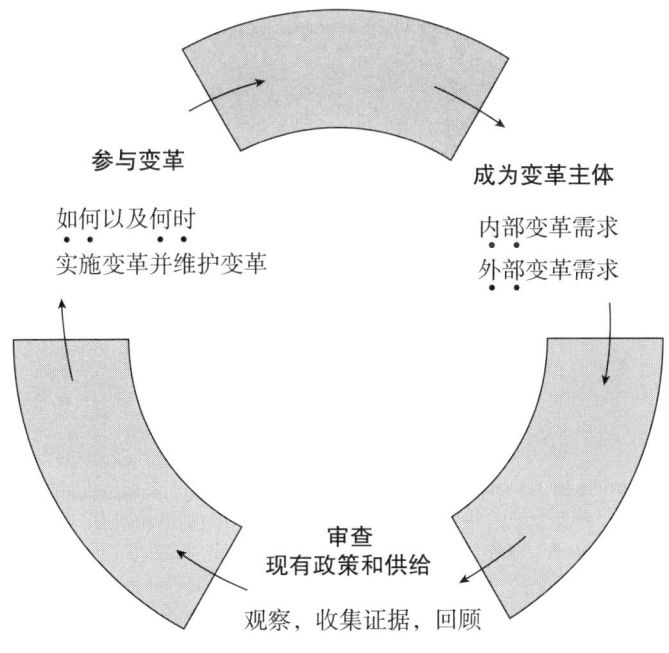

图 8.1　变革过程

变革过程

变革的需求或主体已被明确。变革主体成为变革的杠杆，是组织变革的驱动力，也能够启动变革过程。它可能是某种外部主体，例如政府政策，以及地方当局或资助方的指令。《特拉斯报告》（DfE，2013）就是由英格兰学前教育部门变革服务提供的一个外部杠杆，特别是在研究生的教学领导力发展方面，它聚焦于儿童受教育成果和更高的工作人员／儿童比例。

变革的驱动力也可能是组织或服务内部的主体，例如，新校长的任命促进了学校内部的变革。罗德（Rodd，2013）提出了学前教育机构中不同层次、不同类型的内部变革，包括递增的、诱导的、常规的、危机的、创新的和转型的。诱导型变革产生于与变革人员或变革过程有关的实践的某一方面［例如，一个机构中重组关键人制度（key person system）①］必须做出改变的需要。在创新型变革中，领导者寻求引入新的实践，来改善服务供给和实践，例如，为儿童和家长建立一个故事袋（story sack）②图书馆，以鼓励家长参与幼儿的读写学习。

变革过程的下一阶段是通过观察和收集证据来审查现有政策和服务供给。回顾诸如"我们已经做了什么""哪些是有用的"这样的问题能促进反思，这种反思有助于我们进入变革过程的下一阶段——参与变革。在改善儿童和家庭的成果或服务供给方面，可以实施哪些变革？我们需要思考并规划如何以及何时实施变革、监测和维持变革过程。

---

① 关键人制度中的"关键人"指对一组孩子负责并让孩子感到安全和被关爱的员工。"关键人"不是一个职位而是一种角色，与我们常见的"两教一保"中的主班、副班、保育员等职位体系并行。在幼儿园，"关键人"承担的角色类似儿童的"父母"或"监护人"，可以是主班、副班或有资质的保育员。——译者注

② 故事袋是一个装有儿童图书和辅助材料的布袋，鼓励教育工作者、家长等以积极、互动、有趣、富有表现力的方式与孩子分享故事。最初，事故袋主要由小学和幼儿园使用，后来逐渐被社会工作者、儿童医院等其他团体使用。——译者注

领导变革

负责领导变革与创新的人必须确保所选择的实施预期变革的人员能够得到知识、情感和实践方面的支持。从长远来看，缺乏协商和支持的变革最终会不可避免地陷入失败。若负责实施变革的个体缺乏主人翁意识，不了解既定的集体责任和目标，也可能会导致对预期变革的不同理解。在变革过程中，促进以沟通和协商为中心的变革文化为实施变革提供了一个框架（Siraj-Blatchford and Manni，2007）。

一位有效的领导者应确保所有的同事都成为变革过程的一分子，并以学前教育知识和价值观为基础，通过专业对话进行协作领导（Colloby，2009）。变革的速度会影响变革的实施和维持。变革的成功实施可通过理解变革、拥有主人翁意识和参与制定实施变革的决策来逐步进行。急速引入变革会让参与者产生对变革的抵触，参与者对此无法理解，并会因此感到不安和受到威胁（Jones and Pound，2008）。因此，领导者需要向儿童、家长、从业人员或组织解释变革的好处，这将帮助员工产生参与感，理解变革，并拥有对变革的主人翁意识（Jones and Pound，2008）。以下案例研究中的领导者即是如此。

> 📂 **案例研究：领导者的反思——参与变革**
>
> 梅拉是"学前教育实践中的学习领导力研究"（LLEaP）中的一名学前教育领导者，她非常清楚在自己所供职的私营日托机构中，领导和参与变革所需的时间：
>
> 机构在不断发生变化，我们都必须调整自己的工作方式，以回应政府的变化和要求。我觉得，耐心也是至关重要的——如果你想让变革变得有效，那么变革一定是一个缓慢的过程。你不可能在一天之内爬完整座山。我鼓励我的团队在变革的过程中放松一些——在前进的过程中，多花些时间并进行反思是很有益的。

学前教育领导者面临的挑战是，如何以参与的方式领导变革过程，为工作人员提供参与组织决策过程的机会（Bush，2011）。罗德（Rodd，2013）确定了领导力变革的六个方面。首先，领导者必须以远见和灵感发起变革，继而进行精心规划，这一规划可能是一项设置了长期和短期目标的行动计划。一个领导者应该具备决策技巧和有效的沟通技巧。变革中会遇到一些阻力，因此，领导者要有信心应对管理中的冲突，并对参与变革或受变革影响的人员保持敏感。在面临重大变革时，领导力是一种动员他人的艺术（Kouzes and Posner，2007）。因此，如果领导者想成功地成为变革主体，并激励他人追随变革，就必须精通变革管理的流程（Van Knippenberg and Hogg，2003）。领导者对变革所秉持的态度会影响他人的看法，这些看法涉及变革过程以及如何领导、管理变革等方面。卡瓦纳和阿什卡纳西（Kavanagh and Ashkanasy，2006）认为，组织成员希望变革过程透明化，即领导者需解释变革的原因，由此，所有参与其中的人都能清晰地了解当前的变革。此外，领导者应该为工作人员提供培训和支持，让他们的问题得到解答，给他们提供表达焦虑和恐惧的空间，让他们能够得到同事的支持，并保持工作的动力。佩里（Parry，2011）认为，在变革过程中，组织的领导者为工作人员创造一个安全的环境尤为重要，在这个环境中，工作人员能够感受到自己参与了这一过程，自己在决策过程中表达的意见得到了尊重。

　　有效的领导者是具有主体意识的反思者，他们在自己的工作场域和更广泛的专业领域内成为变革的创造者（Costley and Armsby，2007）。通过反思性实践，从业人员有潜力改变所做的事情，改善儿童和家庭的体验（Paige-Smith and Craft，2011），并在教学、供给和专业实践方面体现专业变革的主体性。下文将探讨变革主体的领导力风格。

催化式和系统式领导力

　　学前教育领域的研究生领导者（EYP）将作为实践领导者，成为改进和塑造实践的变革主体（CWDC，2006）。这一角色激发了对领导力的全新构想方式，在这种方式中，研究生领导者成为所在机构进行变革的催化剂，带来了内部变革，以创造新的事物（McDowall Clark，2010）。这种催化式领导力模型重新定义了学前教育领域的领导力，挑战了领导力源自"上级"或

"前辈"的观点。这一模式下，领导力来自组织内部的任何地方（Reed and Canning，2012）。麦克道尔·克拉克的研究发现（McDowall Clark，2012），从业人员开始认识到，领导力不一定要以控制或指导他人行为的形式出现，而可以是非指导性的、影响性的形式。这种非指导性领导力风格的一个关键途径在于，通过小步子的而非剧烈的干预来逐步构建。

变革的目的在于提高服务供给的质量。《确保开端项目儿童中心的领导力国家标准草案》（Siraj-Blatchford and Hallet，2012）中就包含了这种旨在持续改善的变革理念。"引领变革，持续改善"，这一国家标准要求领导者确定、实施和维持变革，以推动儿童中心服务的改善（Siraj-Blatchford and Hallet，2012：16）。长期的质量改善需要领导者、从业人员和教师的投入，而非因服从所产生的短期变化和改进。里德和坎宁（Reed and Canning，2012）强调，一位通过职位头衔获得权威的领导者可以强行推动变革，但一名催化式领导者可以通过渐进的行动催生变革。

旨在推动改善的领导力是有目的性的；改善是一种有方向的变化，随着时间的推移仍持续存在。它能够改变整个系统，提高质量和表现的平均水平，还能同时减少单位（units）之间的差异，并促使人们理解某些行为比其他行为更好的原因（Hopkins，2005）。系统式领导力可以成为促使学校在社会正义和道德目标的框架内共同努力、互相改善的催化剂。戈尔德（Gold et al.，2002）在对道德领导力的研究中发现的证据证实，在英国教育标准办公室（Ofsted）[①]评级中被评定为"优秀"等级的特殊学校和中小学，其校长在领导力风格与实践中能够表现出以下价值观和理念：包容性、机会均等、公平正义、高期望、利益相关者参与、协作、团队合作、投入以及理解。

在自治联盟或学校团体中培养系统式领导者可以共享最佳实践，并驱使系统式领导者对邻近学校承担更大的责任，继而保证在学校团体之间轮换的才能和保持创新的能力。联盟的会长需要领导不止一所学校，在其暂时离开

[①]　英国教育标准办公室（Office for Standards in Education, Children's Services and Skills）的主要职责是监管和评估英格兰地区的教育体系，定期向英国国会提交报告，并根据监管情况向英国教育部提出相应的完善建议。——译者注

某所学校的一段时间内，要允许副校长或副主任在他们缺席的情况下领导工作，从而培养领导能力。系统式领导力涉及人际网络、协作和伙伴关系。为了达到更高的标准，为了给所有儿童提供更好的学校，政策和实践必须聚焦于制度改善和采用高度差异化的改善策略。这也意味着，校长必须像关心自己的学校一样关心其他学校的成功。除非整个系统都向前发展，否则难以实现学校的持续改善（Hopkins，2005）。在学前教育从业人员中，新兴的系统式领导力实践可能有助于为学前教育部门（包括私营机构、志愿机构以及儿童中心）的基础阶段领导者带来整个系统的质量提升（Siraj-Blatchford and Wah Sum，2013）。

莱斯伍德和里尔（Leithwood and Riehl，2003）定义了系统式领导者的角色：他们通过创设愿景和致力于改善学校来确定方向；通过引领工作人员和儿童的学习来培养人才；通过传播和分享学校间的最佳实践以缩小学校间的差距；通过制定行为、人员配备和课程方面的有效系统来发展组织；通过建立有效的关系以改变所有层级的环境。系统式领导者通过衡量自身在提高学生成绩和缩小教育成果差距方面的成就，来体现道德方面的目标。他们理解个性化学习，从而使个性化课程可以被使用。他们的学校被发展成为个人和专业学习的共同体，并与每所学校内外都建立关系，为工作人员的持续性专业学习提供一系列课程、学习经验与机会。这类领导者通过研究课程背景和文化，来争取实现公平和包容。系统式领导者还认识到，课堂、学校和制度是相互影响的，并能从根本上理解，为了改变更庞大的系统，领导者必须以一种有意义的方式参与其中（Hopkins，2005）。

本章讨论了变革过程，以及领导变革时涉及的部分领导力实践。以下案例研究是一位在小学授课的硕士研究生玛丽安的反思性写作，讲述了她如何在她的学校领导语音教学变革。

📁 案例研究：领导语音教学的变革

《早期阅读教学独立评论》（*The Independent Review of the Teaching of Early Reading*）［罗斯报告（*the Rose Report*）］建议，英格兰所有的学校

都应该进行系统化的语音教学（DCSF，2006）。系统化的语音教学需要一套既定方案，该方案规定了儿童应该学习的字母和发音的顺序，要求儿童按照既定的顺序逐渐学习越来越多的发音或语音（De Graff et al.，2009）。当前，学校使用了几种不同的方案来教授语音。作为学校监察机构的教育标准办公室（Ofsted）支持系统化的语音教学方案，该方案指出，每所学校都应该在各年级段统一使用某种语音教学方案（Ofsted，2012）。对此，作为面向 5—11 岁儿童的小学读写协调员，我受高级领导小组的委托，负责在全校范围内推行一项新的语音教学方案。对于学前教育部门和学校的许多从业人员来说，这是一项重大的变革，因为学校的各个年龄组使用了不同的教学方案和资源来教授语音、拼写和阅读。

在一次"为教育标准办公室（Ofsted）的学校视察做准备"的发展日上，我向所有工作人员解释了政策变革的原因。尽管变革的决定是由高级领导小组做出的，但工作人员似乎都接受和欢迎这一变革，并认为这是一项必要且具有积极意义的举措。这一变革嵌入了学校旨在提高儿童教育成果的整体愿景中，并在学校改进计划（School Improvement Plan，简称 SIP）中得到体现。

我们学校选择的语音教学方案是牛津少儿（Read, Write Inc，RWI）英语课程。此外，作为预备班的主任教师，我的职责是确保该方案在全校的四个预备班中均得以实施，具体工作包括：模拟教学和评估，监督同伴执行，监督从使用学前教育基础课程（EYFS）的预备班过渡到使用国家规定的小学课程的关键阶段 1（key stage 1）[①]，并与学校的两名学段协调员密切协作。

一名语音协调员、两名学前教育和关键阶段 1 的学段协调员以及我本人，共同参与了有关语音教学方案的培训。在接下来的每周例会上，我们需要把从培训中学到的有关语音教学方案的知识反馈给其他教学人员。我参加了例会，分发了相关资源，并向在场的所有老师解释了资源的用途；

---

① 关键阶段 1 是英格兰和威尔士公立学校的两年学制的法律术语，通常称为 1 年级和 2 年级，学生年龄在 5 岁到 7 岁之间。——译者注

下一步，便是运用新的语音教学方案进行教学实践；我实践了一个星期后，为这两个学段的老师们展示了一系列示范课。大多数老师旁听了我的一节语音课后，便将其作为一种培训工具，将新的方案应用到自身的教学实践中。在每周和老师们开会时，我会解答他们在教学过程中出现的所有问题与疑惑。在这项新方案实施半个学期后，我和语音协调员共同观察了学前教育和关键阶段 1 的课堂，监测了所有教师，并给予了联合反馈，还由此确定了对一些教师的进一步指导，包括：系统地规划语音课程，使用教学方案和相关资源，以及深度观摩示范性语音课。在完成观察后，我们还安排了对话的时间，以明确什么使得课程有效，或思考可以采取哪些措施来促进儿童的学习。差异性被视为一个特殊领域，一些教师提出，结构和步调等原因会导致该方案难以实施。

在教师学习并实施全新语音教学方案的同时，我觉得也有必要向家长解释这一变化。我在放学后主持了一次家长会，向他们解释了新方案将对孩子语音教学的结构产生哪些影响。家长们也曾要求提供有关原音拼合法（synthetic phonics）①这一术语的资料，因此，在工作坊中，我解释了语音教学的意义和方法。

事实证明，在语音教学中引入的这种变革是一个由实施、审查和规划组成的螺旋式行动过程。作为预备班的主任，我经常通过观察、与工作人员和家长交谈以及查看孩子的成果等方式，来定期监管系统化语音教学的引入和阅读教学的有效性。

上述案例研究中的玛丽安反思了变革的过程。请您利用图 8.1 中的变革过程并结合下列问题，反思该如何领导变革。

---

① 原音拼合法是一种英语教学方法，即首先教授字母的读音，然后将读音混合，以实现整个单词的完整发音。——译者注

〰 反思性问题

对于在职的领导者

请思考您领导过的某次变革。在变革中，您在领导、管理和维持变革方面扮演的角色是什么?

（1）变革的主体

- 变革的主体是谁? 变革的需求来自组织内部还是组织外部?

（2）审查

- 您如何审查现有服务供给并确定变革内容?

- 您如何观察和收集证据? 这如何影响您的审查和变革计划?

（3）参与变革

- 您认为谁是变革的领导者? 您为什么选择他们?

- 您计划何时以及如何实施变革?

- 您如何维持和延续已实施的变革?

- 最后，请反思关于领导变革，您学到了什么?

对于候选的领导者

请思考您参与过的某次变革实施进程，您在其中扮演的角色是什么?

（1）变革的主体

- 变革的主体是谁? 变革的需要来自组织内部还是组织外部?

（2）审查

- 您是否参与了对现有服务供给的审查并确定变革内容?

- 如果是，您如何观察和收集证据? 这如何影响您的审查和变革计划?

（3）参与变革

- 您是否领导过变革的某一方面?

- 如果是，您如何实施变革?

- 您如何维持和延续已实施的变革?

- 最后，请反思关于领导变革，您学到了什么?

> **□ 本章小结**
>
> 　　这一章探讨了在学前教育的有效和关怀领导力中，在赋权领导力主题
> 下领导变革的领导力实践。本章通过对变革主体、催化式领导力和系统式
> 领导力的讨论，探索了改善组织的变革过程。案例研究展示了领导者参与
> 并领导变革的过程。反思性问题为在职的和候选的领导者提供了机会，以
> 反思对变革的参与和领导力。

→ 　下一章定义了学前教育有效和关怀领导力中的第四个领导力主题，
　即教学领导力，并在实践学习共同体中研究了引领学习的领导力
　实践。

延伸阅读 📖

Cottle, M. and Alexander, E. (2012) 'Quality in early years settings: government, research and practitioners' perspectives', *British Educational Research Journal*, 38(4): 635–54.

Jones, C. and Pound, L. (2008) *Leadership and Management in the Early Years*. Maidenhead: Open University Press.

McDowall Clark, R. (2012) ' "I've never thought of myself as a leader but ..." : the early years professional and catalytic leadership', *European Early Childhood Education Research Journal*, 20(3): 391–401.

Reed, M. and Canning, N. (2012) *Implementing Quality Improvement and Change in the Early Years*. London: Sage.

第9章
教学领导力：引领学习

本章概览

    本章定义了学前教育领域中有效和关怀领导力背景下教学领导力这一主题，探索了最广义视角下引领学习的领导力实践。本章也探索了如何将学习置于组织的核心，发展学习共同体，以及研究生教学领导力的发展。

本章将：

- 定义教学法和教学领导力；
- 审查教学领导力及其对学前教育服务质量、教学法和实践的贡献；
- 讨论学习共同体的实践；
- 讨论研究生课程领导者的发展与作用；
- 反思教学领导力的实践。

教学法

教学法（pedagogy）是关于"教"与"学"的方法，并涉及如何开展学习，例如，室内和室外的学习环境、相关资源、儿童与工作人员之间的互动等（Siraj-Blatchford and Hallet，2012）。在英格兰，教学法是专门用于教育情境的术语，描述了进行课堂教学、小组教学或正式教育（formal education）时采用的方法（Petrie et al.，2012）。教学法阐明了教学的复杂性，并强调了对于学习者与课程之间发生的交互作用，教师需要做出有充分依据的选择，采用恰当的策略（Baumfield，2013）。鲍姆菲尔德（Baumfield）强调了"教"与教学法之间的区别："教"描述的是所采取的行为，而教学法在关注所采取的行为的同时，也关注影响教学行为的教育理念和价值观。教学法既是一种艺术，也是一项旨在探索如何进行目的性教学、目的性干预以影响学习者发展的科学。最杰出的学前教育工作者会结合自身对机构内儿童兴趣与能力的认识，涉猎广博的文化与智力资源，在日常与儿童一起工作时，为儿童提供最有效的、具有积极促进作用的学习体验（Siraj-Blatchford，2009）。

当前，在英国的教育情境及儿童的学习领域中，开始频繁使用"教学法"这一术语。过去，这一术语经常在欧洲大陆的语境下使用。但在欧洲大陆，"教学法"一词指代的服务范围更为广泛，包括儿童保育、学前教育、青少年工作、家长育儿、家庭支持服务、为青少年罪犯提供的各类服务，以及住宿护理和游戏工作（play work）①等。此外，教学法还涉及支持儿童全面发展的整体性途径。"在教学法中，关怀与教育相一致，换言之，教学法是关于抚养儿童长大成人的方法体系；从最广泛的意义上来说，教学法就是教育。"（Petrie et al.，2012：225）教学法也是一种支持以独特的方式进行实践、提供服务、进行培训和制定国家政策的概念。儿童观是教学法的基础。在欧洲，儿童被视为既与他人相互联系，也拥有自身独特经验与知识的一种社会存在。例如，在瑞典，教育政策会考虑"完整儿童"（the whole child）的发展，而不会通过狭隘的认知术语（例如，在英语国家的儿童观下所使用的"学习成果""早期学习目标"）来定义儿童（Petrie et al.，2012）。同样地，在欧洲，与儿童一起工作的从业人员被称为"教师"（pedagogues），这也反映出此类从业人员与儿童及其家庭一起工作时所采用的整体性途径。举例而言，在意大利北部的瑞吉欧·艾米利亚地区，教师会与学前班儿童及其父母共事。

---

① 游戏工作指的是当幼儿的家长及看护人不在场时，以游戏的方式陪伴幼儿的一种工作内容。——译者注

在 2000—2002 年，英格兰也曾有机会采用这种社会教学法（social pedagogy）模式。当时，英格兰引入了全国公认的专业资质——"学前教育专业人员"（Early Years Professional，EYP）。英格兰曾经试图为该领域提供 "学前教师"（early years pedagogue）这一岗位名称，但经过磋商，这一提案被否决，转而使用"学前教育专业人员"一词。在使用这一术语后，与儿童一同工作的途径理应发生根本性变化。然而，随着《每个儿童都重要》（ECM）① 的引入（DfES，2004b），儿童工作需要采取整合性与综合性的方法，以通过普适性服务与 0—19 岁儿童及其家庭一起工作。《每个儿童都重要》议程是一项政策性转变，它强调为儿童及其家庭提供服务时，要实现深度信息共享、多机构协同合作，并采用整合性、综合性的方法（Baldock et al.，2013）。2010 年，英格兰联合政府（the Coalition government）开始推动对政府政策的审查。原"儿童、学校和家庭事务部"（Department of Children, Schools and Families，简称 DCSF）更名为"教育部"（Department for Education，简称 DfE），这一政府部门名称的变更反映了政府的关注点从与儿童及其家庭工作的综合性途径，转变为聚焦教育、教育成果和学校教育的认知性重点。而《特拉斯报告：更优质的幼儿保育》（DfE，2013）则从政策角度反映了这一变化；引入术语"学前教育工作者"（early years educator）和"学前教师"（Early Years Teacher，EYT），则反映出这类人员在英格兰学前教育领域中的教学领导者角色。下文将继续讨论教学领导力的概念及其对学前教育服务质量的影响。

---

① 《每个儿童都重要：为儿童而改变》（*Every Child Matters：Change for Children*）是由英国教育和技能部（DfES，2010 年后重组为"教育部"）于 2004 年颁布的有关儿童学习与发展的绿皮书。该绿皮书提出要依据家庭背景、行为、特殊需要、身体和智力状况等因素来认定弱势和处境不利儿童，建立儿童数据库，并针对处境不利儿童的健康问题以及各种不良行为问题制定相应的计划和措施。绿皮书强调要展开多层次、全方位的服务整合，共同促进处境不利儿童的学习与发展。——译者注

教学领导力

如今，越来越多的人达成共识，领导者最重要的作用是促进教与学的改进。在深耕于明确有效学校的因素这一研究领域的人员中，萨蒙斯等人（Sammons et al.，1999）已经证实了在支持工作人员改善教与学的积极性方面，领导者发挥了关键作用。在关于学校改进的文献中，有证据持续地强调，有效的领导者会对学校提升学生成绩的能力产生间接但有力的影响，并认为"领导力对提高学校表现和学生成绩有着毋庸置疑的贡献"（Muijs et al.，2004：157）。教育标准办公室关于学校领导与管理的报告（Ofsted，2003）提出了高质量学校领导力的一系列特征（p.7）：

- 愿景清晰，有目标感，并对学校充满较高期望，也坚持不懈地关注学生的成果。
- 战略规划能反映学校的雄心与目标，并促进其实现。
- 领导者能激发、鼓励并影响工作人员和学生。
- 领导者能创建有效率的团队。
- 领导者在教学和课程方面具备博学与创新的领导力。
- 领导者能致力于建设公平与包容的学校，学校内每一个人的价值都得到重视。
- 领导者能为其他工作人员和学生提供积极、良好的榜样。

这些领导力特征在不同教育情境下具体应用的方式是领导力有效的基础。当下，对领导者如何引领学习的认识还在发展中。对此，一些理论提出，领导者可以引领工作人员向他人（如模范教师）学习或访问，并为工作人员提供持续性培训与支持（NCSL，2004）。教育标准办公室（Ofsted，2003）的一篇报告提出了高质量学校领导力的三个特征：（1）领导者能激发、鼓励并影响工作人员和学生；（2）领导者为其他工作人员和学生提供积极、良好的榜样；（3）领导者在教学和课程方面具备博学与创新的领导力。 这些特征也支持了上述观点。

在澳大利亚的学前教育机构中，领导力被视为影响质量的关键因素（Hayden，1997）。同样，缪斯等人（Muijs et al.，2004）在回顾学前教育领导力的研究时发现，服务于幼儿及其家庭的美国"开端计划"（Head Start）[①]的评估结果表明，杰出且稳定的领导力对项目的有效性具有重大影响。尽心尽力的、胜任的和尊重的领导是最成功与最不成功的项目间的主要区别之一。而不成功的开端项目则存在以下特点：领导者的领导经验匮乏，缺少培训和监督工作人员的技巧，不善于与学校和社区合作，且参与程度不高，工作不够尽心尽力。

美国的开端计划影响了英国确保开端计划[②]儿童中心的发展。确保开端计划儿童中心以社区为基础提供学前教育服务，专门为 0—5 岁的儿童及其家庭提供涉及多种专业途径的服务。这些服务综合了健康、儿童保育、教育、促进家长参与、家庭支持等内容，还提供了各类干预项目。提供有效综合性服务的儿童中心正在提升儿童教育的成果（Siraj-Blatchford and Hallet，2012：14）。

鉴于学前教育领域的教学法、服务供给和实践都聚焦于社区，卡根和霍尔马克（Kagan and Hallmark，2001）还建议，学前教育领导力应当具备如下与社区相关的内容：

- **社区领导力**：通过熟悉社区的家庭、服务和资源并在它们之间建立联系，将学前教育和社区联系起来。
- **教学领导力**：通过传播新信息与制定议程，在研究与实践之间架起桥梁。
- **行政领导力**：包括财务管理和人事管理。
- **倡导领导力**：构建学前教育未来发展的长期愿景，包括发展关于该领域的良好知识与理解，并成为一名熟练的沟通者。

---

① 开端计划项目始于 1965 年，由美国卫生和公众服务部管辖，旨在为美国的低收入家庭儿童及其家庭提供全面的幼儿教育、健康、营养和家长参与服务。开端计划从一个为期八周的暑期学校示范项目开始，现已发展成为包括全天服务、全年服务和其他服务类型的综合性项目。——译者注

② 确保开端计划是 1998 年由英国财政部发起的一项以地区为基础的政府倡议，旨在通过改善幼儿的保育与教育、健康和家庭支持来尽可能地为儿童营造最好的人生开端，项目重点是扩大服务范围和社区发展，其主要适用于英格兰，在威尔士、苏格兰和北爱尔兰略有不同。——译者注

- **概念领导力**：在社会活动与变革这一更广博的框架内，概念化学前教育领导力。

作为研究与实践之间的桥梁，教学领导力是学前教育机构、学校和儿童中心核心的、特殊的领导力实践。比起提供综合性服务的儿童中心，传统意义上的学校情境会更强调教学法、教育领导力（educational leadership）和课程领导力（curriculum leadership），并注重对其的理解。学前教育基础阶段（Early Years Foundation Stage）的课程适用于学校、学前教育机构与儿童中心的所有 0—5 岁儿童。因此，在修订版《确保开端项目儿童中心的领导力国家标准草案》中，"引领教学、学习与发展"这一标准强调了教学领导力（Siraj-Blatchford and Hallet，2012：14）。这一标准认为，儿童中心领导者有责任引领教学质量的提升，改善儿童的发展与教育成果；在学习领导力方面，要求领导者培养一种将学习视作组织核心的文化，领导者要鼓励并激励儿童、从业人员、父母和保育人员成为热情、好奇、独立、成功的终身学习者。

实践中的学习共同体

教学领导力（padegogical leadership）或学习领导力（leadership for learning）是一种以学习为中心的领导途径。这一途径产生于对学习的关注，甚至是对学习的激情，它不同于教学指导领导力（instructional leadership）。教学指导领导力往往意味着传播知识，而不是建构、共建或创造知识。而学习领导力除了关注教学指导之内和之外的学习过程，还需要将学校、机构、中心或相关服务的儿童视为学习者，并找出整个组织内（包括全体工作人员、儿童父母、保育人员、社区成员和政府管理者等利益相关者）的其他学习者（MacBeath，2003）。而"引领学习者"（lead learners）这一术语通常用于指代建立了学习型组织的学校校长，以及学前教育机构或儿童中心的领导者。学习型组织以学习为核心，旨在通过反思性对话探讨学习过程与儿童的学习进度，并帮助组织和个人获得持续性专业学习的机会，以成长为"学习专业人员"（learning professionals）（Guile and Lucas，1999）。

麦克尼尔（MacNeill et al.，2004：37-9）描述了"教学领导力"（pedagogic leadership）的概念，认为领导者的作用是通过将学校发展成充满关怀的、目标明确的、探究式的共同体，让教师成为"实践共同体"的成员协同开展工作，开发"人力资本"（human capital）。他补充说道，学校通过成为探究式共同体来开发智力资本（intellectual capital）。智力资本是学校里每个成员都知道并分享的内容之和，有助于学校更有效地促进儿童的学习与发展。随着智力资本数量的增长，学校使儿童生活更有价值的能力也随之增强。通常情况下，在成员会面时能分享对当前工作的担忧或热情并学习如何改进的实践共同体中（Wenger，1998），对专业议题、教学法、服务供给和实践的关注能够进一步促进职业角色、教学和领导力实践的发展（Anning and Edwards，2003）。威利（Whalley，2005）描述了工作人员参与的一例实践共同体，这个共同体由服务于 5 岁以下儿童及其家庭的潘格恩中心组织。而作为接受高等继续教育、参与该中心的在职培训项目的后续成果，潘格恩中心的工作人员已经开展了多项小规模的行动研究，以解决自身的问题与顾虑。由此可见，参与研究项目、接受继续教育的有益成效之一便是产生对探究式学习的极大兴趣，工作人员深陷一种探究的循环过程。这种情况下，参与不是被动的，不只是参与他人的研究，回答他人的问题。与之相反，当与情境关联的、亟待解决的顾虑或问题催生某项研究时，这种参与能促进工作人员、儿童和（或）其他利益相关者积极协商并投身其中。

此外，学前教育工作者和教师参与实践共同体也有助于其发展对课程的理解。下文的案例研究展示了一位学前教育研究生领导者的教学领导力。她发现，当将"持续性的共同思考"（Sustained Shared Thinking，简称 SST）教学法引入她的托儿机构实践共同体时，工作人员能够共同学习与理解。

📁 **案例研究：领导者的反思——工作人员共同学习**

玛莎是一名学前教育研究生领导者，供职于一所私营的托儿所。她反思了自身的教学领导力。

我们的托儿所开展了以儿童为中心的实践。当孩子们自行领导调查活动时，我们顺着孩子们的思路，并通过反思性提问帮助他们持续地思考。持续性的共同思考是儿童和成人之间的有效互动，有助于支持年幼儿童的技能、知识与态度的发展。持续性的共同思考中可能出现的一幕是，两人或多人一起思考，一同工作，以解决问题、明晰概念、评估活动或扩充叙述。在持续性的共同思考期间，双方都促进了对某一话语的思考，发展并扩展这一话语。与持续性的共同思考相关的是成人对开放式问题的熟练使用程度，这类问题有多种可能的答案，比如："你做了什么？""你会做什么？"（Siraj-Blatchford，2009：154）

持续性的共同思考是我的学前教育研究生培训课程之一，它切实地引起了我的共鸣。同时，为了帮助孩子成为反思性学习者，持续性的共同思考也是我们作为工作人员致力于在托儿所内发展的一大领域。我们录制了发生在我们托儿所中的持续性的共同思考互动。在题为"反思性教育者——反思性儿童"的发展日上，我展示了先前录制的持续性的共同思考视频，并要求工作人员反思自身与儿童的互动，例如：他们的提问如何帮助儿童反思并发展成反思性学习者？我们分享了各自的想法与观点。由此，我还制订了一个行动计划，计划内容为如何发展持续性的共同思考以使儿童在我们的托儿所成为反思性学习者。

这一案例研究展示了关于领导力培训的研究生课程的影响，以及作为课程领导者的玛莎如何影响并与他人分享关于持续性的共同思考的知识和理解。接下来将进一步讨论学前教育工作人员队伍中教学领导力的发展。

发展研究生的教学领导力

近年来，英格兰政府进行了高额的财政投资，通过在全国认可更高水平的教育资质——学前教育专业资质（EYPS），以培养课程领导者。获此殊荣的研究生被称为"学前教育专业人员"（EYP）。"学前教育专业人员"是具备实践领导力的专业角色，需要尽其所能地展示和示范高质量学前教育实践，还需要在学前教育基础阶段的课程方面领导并改进他人的实践。"学前教育专业人员"的实践领导力模式适用于：私营的志愿和独立部门中所有类型的机构，基于家庭的幼儿托管人，乡村议事厅的志愿学前学校，以及私营托儿所或大型儿童中心。

大量研究表明，领导者的相关经验和受教育水平与机构质量紧密相关（Muijs et al., 2004）。源于"有效学前教育"（EPPE）研究项目的证据表明，在保教结合的学前教育机构中，如果由一名优秀教师领导并监督资质欠缺的工作人员，该机构的服务质量会更高（Sylva et al., 2004）。而在儿童实现了更好的全面发展的机构中，有着强大的领导力与相当比例的优秀研究生工作人员，这就在高质量工作人员和为儿童及其家庭提供的高质量服务之间建立了明确的联系。在制定学前教育的愿景时，《特拉斯报告》（DfE, 2013：13）强调，"怀着爱与关怀实施的高质量学前教育可以对幼儿产生强烈的影响"。由此可见，工作人员的资格水平对所提供的服务质量来说至关重要。

英格兰在引入"学前教育专业人员"（EYP）作为研究生实践领导者时，并没有对"学前教育专业人员"（EYP）提供国家规定的职位描述（CWDC, 2006）。然而，教学领导者的角色逐渐出现了。"学前教育实践中的学习领导力研究"（LLEaP）（Hallet and Roberts-Holmes, 2010）这一研究项目发现，"学前教育专业人员"（EYP）具有一个确定的角色，即学习领导者（leaders of learning），并发现了教学法中以及为了儿童、父母和其他从业人员的实践中的引领性学习。由此可见，"学前教育专业人员"（EYP）的职责可以与学前教师（EYT）相提并论。

设立学前教育专业资质（EYPS）的目的在于，在学前教育基础阶段课程中培养具有凝聚力的、由研究生主导的员工队伍。然而，这也引发了课程实施人员的资格不平等。在学校，课程由具有公认的合格教师资质（Qualified Teacher Status，简称 QTS）的教师引领；而在学前教育机构中，同样的课程只能由具备专业资质的"学前教育专业人员"（EYP）引领。由于缺乏与现有资格相对应的专业资质，"学前教育专业人员"（EYP）几乎与现行的教师资格和教师资质相对立（Lloyd and Hallet, 2010），由此，产生了公立部门和非公立部门（the maintained and non-maintained sectors）之间劳动力的资格鸿沟。学前教育工作者的资格要求和专业实践模式受各国文化特征的影响，并由各国政府的政策决定。举例而言，在新西兰，教师（teachers）负责为幼儿授课。在许多欧洲国家，则由教育者 / 教师（pedagogues）为幼儿授课。英国的工党政府并没有选择欧洲模式的教师，也没有致力于增加教师数量（Oberhuemer，2005），而是设计了"学前教育专业人员"（EYP）这种新模式。在这一模式中，"学前教育专业人员"（EYP）的角色定位是实践领导者，而不是仅负责教学，由此，"学前教育专业人员"（EYP）需要接受与合格教师不同的专业培训。

加里克和摩根（Garrick and Morgan，2009）研究了在儿童中心工作的教师的角色后发现，教师带来了关键的专业知识和经验，并成功地提升了不同领导风格下的实践的质量和工作人员的信心。而《纳特布朗评论：基础阶段质量报告》（DfE，2012：46）强调了教学领导力对合格从业人员角色的重要性，包括：领导一个班级的实践，领导多个班级的实践，领导一家机构的实践，为一家机构提供全方位的教学领导力，直接与儿童及其家庭开展工作，以及为资质较低的工作人员提供支持。《特拉斯报告》（DfE，2013）则提出，应当通过引入"学前教师"（EYT）来进一步提高服务供给的质量，这能深化学前教育机构内研究生的教学领导力。同时，《特拉斯报告》（DfE，2013：44）也认可了"学前教育专业人员"（EYP）的教学领导者角色，指出，现有的"学前教育专业人员"（EYP）在今后会与"学前教师"（EYT）旗鼓相当，因此"学前教育专业人员"（EYP）无须通过获得中小学教师资格证（QTS）来提升职业地位。"学前教师"（EYT）作为幼儿发展的专家，受过专门的培训，以学习如何与0—5岁儿童一起工作。而培训路径和新版教师标准将基于"学前教育专业资质"（EYPS）项目的优势。这些建议应当弥合英格兰的公立与非公立学校①或机构之间的资格划分差异，并反映出国际化教学领导力的实践和教学角色。

---

① 在英格兰，公立学校（maintained school）由当地教育机构资助和控制，由信托机构或赞助方（如家长团体、大学或企业）管理。因土地、建筑物的拥有方不同，人事负责方与资金来源等方面的差异，存在如下四类公立学校：社区学校（community schools）、志愿控制学校（voluntary controlled schools）、志愿辅助学校（voluntary aided schools）、基础学校（foundation schools）。虽然公立学校必须签署政府资助协议，但学校可以自行制订预算计划。——译者注

在下文来自"学前教育实践中的学习领导力研究"（LLEaP）的案例研究中，两名具有"学前教育专业人员"（EYP）资质的研究生领导者在不同的学前教育机构工作，她们分别反思了自身作为学习领导者的教学领导角色。

📁 **案例研究：领导者的反思——学习领导者**

阿梅利亚的反思

学习领导者——这是一个具有挑战性的概念，它会引发人们思考在自己的机构中，从何处开始领导？我是谁？我如何成为领导者？我正在或曾经使用了哪些技能？

我认为自己从托儿所就开始领导学习了。我的意思是，我引导孩子们基于自身的水平进行学习。我花了很多时间与孩子们相处，不过遗憾的是，时间还不够久，但我能说，在90％—95％的工作时间里，我都与孩子们在一起。在孩子们玩耍时我会进行观察，这样我就能促进他们的学习，继而支持他们进入下一阶段的学习，或强化现阶段的游戏与活动。然而，以这种方式扩展儿童学习的能力不应仅归功于我与孩子们的互动，还与提供给工作人员的理念与愿景上的支架作用息息相关。我所在机构的工作人员认为，孩子们是自己学习的主导者。为了满足孩子们的需求，工作人员每天都努力工作，并合理规划资源、活动和空间。比起引领学习这一说法，我更愿意称之为跟孩子们一起学习。我们的教学法以儿童为中心，将儿童置于学习过程的中心，并以个性化的方式支持、扩展他们的学习。

掌管托儿所多年来，我一直基于自己先前作为班级教师（class teacher）的工作经验，引领工作人员进行学习。在反思我如何做到这一点时，我发现这实际上很复杂。我努力做到民主，尽可能地融纳每一个人的想法与信仰。我很乐意接纳工作人员的想法，并积极鼓励工作人员承担不同领域的责任。我尝试发挥他们的长处，并为他们不擅长之处提供支持。我知道，工作人员也为我做了同样的事情。另外，我尽力公平地对待每一个人（在特定的时机下也许会有所不同），认可他们做的所有额外工作。

那么，在引领学习的过程中，我需要哪些领导技能？我认为，我有广博的视野、丰富的想象力和深切的同理心。我有着这样的愿景，希望引领儿童、家长、工作人员和托儿所走向创造性的、儿童中心化的教育，并领导创新。我有着旨在应对变革、探索如何实现上述技能的想象力。我有想象孩子、父母、工作人员和托儿所将如何回应举措与想法的同理心。我能想出解决问题的最佳方法，并提出将学习置于托儿所中心的主意和新方法。

米丽娅的反思

作为一名学前教育领导者，在引领学习时，我的角色一直是与人合作，以反映工作人员的理念、实践和服务供给，进而促进变革。因为孩子始终是我们所做一切工作的中心，所以在我的教学法中，我一直专注于强有力的儿童形象。儿童和童年是很重要的。我希望通过使用语言、主动学习、批判性和创造性的持续性共同思考，并投入尊重、关怀和爱来构建有意义的、重要的学习，以激励并支持其他工作人员与儿童、家庭一起成为共同建构者。

以下问题将帮助您思考自己的教学法及其如何影响您的教学领导力。

〰 反思性问题

对在职的领导者

- 请写一段话描述您的教学法。
- 请指出对于您的教学领导力和您引领学习的方式而言，教学法中任一明显且关键的层面。
- 请举例说明您的有效教学领导力。您如何确定自己的学习领导力是有效的？您有什么证据？您如何支持并维护有效教学领导力的成果？

对于候选的领导者

- 请写一段话描述您的教学法。
- 请举例说明您如何与儿童、父母或工作人员一起学习。您如何确认其有效性？
- 请描述关于教学领导力的一段经历。这位课程领导者是否影响了您的教学法、服务供给和实践？如果是，那是怎么发生的？

最后的反思

- 关于引领学习与课程领导者的角色，您学到了什么？

📖 本章小结

本章讨论了在学前教育领域的有效和关怀领导力背景下，领导力主题为教学领导力的领导力实践——引领学习。本章定义了教学法和教学领导力；探讨了最广义视角下引领学习的教学领导力实践；并将学习置于组织的中心，探索了如何为工作人员、儿童、父母和更广泛层面的社区建立学习文化和实践共同体。此外，本章还讨论了学前教育研究生的教学领导力对提升服务供给和实践质量的作用。本章介绍了在所有机构和学校中引领学习的研究生教学领导力是如何发展的，还根据《特拉斯报告》（DfE，2013）讨论了学前教师（EYT）的角色。此外，两位研究生领导者反思了自己在学前教育机构引领学习过程中的角色。一些反思性问题能为在职的和候选的领导者提供机会，以思考教学领导力实践。

→ 下一章将继续讨论学前教育领域有效和关怀领导力背景下的第四个领导力主题——教学领导力，将审查反思性学习的领导力实践，并思考通过持续性的专业学习与发展，领导者对工作人员教学领导力的支持作用。

延伸阅读 📖

Beckley, P. (2012) 'Pedagogy in practice', in P. Beckley (ed.), *Learning in Early Childhood.* London: Sage. pp. 43–60.

Garrick, R. and Morgan, A. (2009) 'The children's centre teacher role: developing practice in the private, voluntary and independent sector', *Early Years: An International Journal of Research and Development*, 29(1): 69–81.

Pardhan, A. (2012) 'Pakistani teachers' perceptions of kindergarten children's learning: an exploration of understanding and practice', *Frontiers of Education in China*, 7(1): 33–64.

Petrie, P., Boddy, J., Cameron, C., Heptinstall, E., McQuail, S., Wigfall, S. and Wigfall, V. (2012) 'Pedagogy: a holistic, personal approach to work with children and young people across services', in L. Miller, R. Drury and C. Cable (eds), *Extending Professional Practice in the Early Years.* London: Sage. pp. 221–38.

Siraj-Blatchford, I. (2009) 'Early childhood education (ECE)', in T. Maynard and N. Thomas (eds), *An Introduction to Early Childhood Studies.* 2nd edn. London: Sage. pp. 148–60.

第 10 章
教学领导力：引领反思性学习

本章概览

　　本章探索了学前教育的有效和关怀领导力中，教学领导力这一主题下的另一领导力实践——引领反思性学习。本章讨论了一种被普遍接受的观点，即通过反思性实践和协作式对话促进工作人员的持续性专业学习与发展非常重要。

　　本章将：

- 讨论持续性专业学习与发展对服务质量的重要性；
- 探索教学领导者如何为反思性对话与学习提供机会；
- 考察监督实践的方法；
- 思考提供反馈和指引的方法，以进一步提升实践；
- 反思领导者引领反思性学习的方法。

持续性专业学习与发展

　　教师和学前教育工作者普遍被期望能在职业生涯中持续不断地进行专业学习，以发展成为专业人士。而持续性专业发展（Continuing Professional Development，简称 CPD）活动包括：强调实用信息的专业培训，强调理论知识的专业教育，以及旨在积累工作经验、提升业绩的实证知识和专业支持。这些一对一或与他人一起进行的持续性专业发展活动能支持从业人员、学前教育工作者和教师以有利于儿童的学习与发展为目标，来思考自身实践，改善工作方式，并要求他们巩固知识与技能，促进个人与专业成长，增强自信心与工作满意度（Bubb and Earley，2007）。如今，已有一系列持续性专业发展活动：培训日、会议、在职课程、校本项目、高等教育的短期与长期课程、工作人员发展日与集会、社交网络集会、训练、辅导会议，以及访问其他学校和机构以了解其服务供给与实践。教学发展署（The Teaching Development Agency，简称 TDA）认可了反思性活动在专业学习过程中对发展个体的专业属性、知识、理解和技能的价值（TDA，2008）。而反思性机会也能通过支持个体的专业需求来改善实践。

在分析了受访者（学前教育领域的领导者、管理者和一般工作人员）的答复，探索了关于专业发展途径的政策与文件后，"学前教育中的有效教学法研究"（REPEY）发现，不论是在平常交流还是在书面文字上，人们都认同持续性专业发展的重要性。然而，正如罗德（Rodd，2013）所描述的那样，进一步分析这些数据后，能够很明显地发现：学前教育领域的领导层、管理层和工作人员拥有的大部分专业发展机会基本都是通识性的在职培训或短期课程。仅在少数案例中，有证据表明，领导者、管理者或工作人员正在追求接受更长期的课程（例如，管理学的文凭课程、学前教育的学位课程）。在部分案例中，当被问及参与了哪些开展当前工作所需的专业发展活动或培训时，受访者会提及职前的培训课程。除此之外，部分受访者对曾经参加过的课程表示不满，给出的原因包括：缺乏相关性，没有后续追踪或深度。一位私营日托机构的经理在回复中强调了课程的部分局限：

我觉得这门课程不够有深度。这门课实际上应当有所助益，比如，能在我们返回工作岗位后帮助我们将所学的内容付诸实践，能促进我们接受后续的培训，能确定我们当前的所作所为是否正确，能提供建议、分享顾虑，还能了解其他机构的工作人员正在实施和体验的内容等。

接着，这位日托机构经理强调，向员工传达信息的过程中一个有趣的局限也可以成为专业发展手段之一。在讨论到曾经参加过的一次为期一天的阅读教学研讨会时，这位经理强调说，当天最主要的收获之一是与一群具有不同学前教育背景（私营／公立、托儿所／托儿班、私营日托机构、幼儿托管人）的人员互动；她有机会与持有不同观点的人进行反思性对话。她还解释道，在将研讨会当天收获的信息传递给工作人员时，她俨然已经是一名"专家"。她在研讨会上经历的互动和对话由各种参与者的各异反馈或意见组合而成，这很难在自己供职的私营日托机构的工作人员办公室内实现。

这位托儿所经理认为，受训者参与培训课程存在诸多好处，这一看法也得到了另一位私营日托机构经理的认同："我希望能有更多的在园培训，培训师到园所开展活动，并将所有人都视为工作人员纳入培训。我还希望，能有更多专门针对我们园所和我们的特定情境的培训。"这种需求，即专门为学前教育机构的一群学前教育工作者设计的团体培训，正朝着真实学习（authentic learning）的方向发展。真实学习被定义为：旨在解决现实世界中的问题，允许探索和讨论涉及学习者的问题和议题的一种学习。而真实领导力（authentic leadership）和对话是组织性学习的核心，没有对话，个体和团体都无法有效地改变观念或达成共识（Parry，2011）。领导者会影响个体、团体和组织层面的学习过程。而真实领导力会影响可能发生的对话类型（Mazutis and Slawinski，2008）。真实领导者会鼓励组织内的成员进行开诚布公的对话。这一对话以非正式的会谈为核心，能够提升自我意识，同时进行反思与反思性实践。领导者会塑造一种鼓励开放、诚实、平衡、恰当和透明沟通的组织文化（Mazutis and Slawinski，2008）。真实领导力被描述为一种过程，"能够引发领导者和同事更强的自我意识与自我调节的积极行为，这能促进积极的自我发展"（Luthans and Avolio，2003：243）。此外，反思性实践能够培养自我意识，以促进专业学习与发展。因此，国家领导力培训项目包含了领导者的反思与反思性学习的价值。

反思性领导力培训项目

在英格兰，在学前教育领导者的两项专业资质国家标准中，已经收录了关于反思和从业人员的反思性实践的发展。具体而言，当"学前教育专业资质"（EYPS）的标准中涉及专业发展时，要求本科申请者反思并评估自身实践的影响，并在必要时调整方式，以承担确认和满足专业发展需求的责任（CWDC，2006）。里尔登（Reardon，2009：43）将实现"学前教育专业资质"（EYPS）标准并成为学前教育的研究生领导者（EYP）比作一场反思性旅程。其间，申请者需要时间来反思、评论、分析、评估和记录在自己所任职的机构、其他机构和网络中，领导力经验所涉猎的范围。布鲁斯（Bruce，2006）解释道，如果想将知情反思、自我评价和发展的循环置于反思性过程的中心，就需要具备以批判的和诚实的方式回顾并核查实践的开放性与能力，确定有效实践的各个方面，探索不尽人意的实践要素，并通过挑战实践来实现进步。

面向综合儿童中心领导者的国家专业资格［即国家综合教育中心领导力专业资格①，NPQICL］是一个硕士级别的项目，它将反思作为成人教育学的主要内容，以指导成人的学习与教学。通过教室中的协作反思过程及基于儿童中心的领导力学习小组，项目参与者反思性地学习领导力的理论与实践。通过辅导课程，促进儿童中心领导者对领导力实践的个体反思性学习；在导师指引下，参与者各自反思自身的领导力实践和发展。此外，在儿童中心的工作情境之外提供反思性空间，让参与者能思考、感受和谈论自己的综合实践领导力，及作为领导者的发展历程。导师和被指导人员之间的支持性与促进性指导关系提供了进行反思性实践的巨大潜能（Ruch，2003）。同样，贯穿于国家综合教育中心领导力专业资格（NPQICL）项目的反思性历程也被视为一种反思领导力实践与发展的有效工具，因为它能帮助领导者"全面考虑下一步应该做什么，或明确如何更好地完成工作"（National College for School Leadership，2008：7）。参与者需要确定领导力和综合实践的领域，以开展研究，促进反思性学习，并推动个体及组织的发展。这种持续专业发

---

① "国家综合教育中心领导力专业资格"项目是自 2004 年开始，由英国政府与国家学校领导力学院（National College for School Leadership）协作开展的一项有关英格兰学前教育领导者的培训计划。——译者注

展（Continuing Professional Development）的反思性模式将经验视为反思的
基础，它涉及审查、探索由经验催生的热点议题的过程，会产生一种变化
的、有知识基础的视角。这一专业发展途径推动着培训提供者从专家型的知
识传播者转变为反思实践的推动者（Tarrant，2000）。这一专业发展途径也支
持肖恩（Schon，1983）的反思理论，以及能够反思自我实践并进行改善的
反思性实践者的发展。在这种模式下，反思性实践成为理论与实践的交汇点
（McMillan，2009），领导者可以借此将实践与理论联系起来。

下面的四类问题构成了对领导力实践展开批判性、反思性学习的框架。

〰 反思性问题

对于在职的和候选的领导者

是什么？

- 我的学校、机构或中心的领导力实践是什么？
- 什么领导力理论支持这些领导力实践？
- 哪些研究证据可以支持我的学校、机构或中心的领导力实践？

为什么？

- 为什么这是首选的领导力实践？
- 为什么领导力实践有益于或无益于工作人员、儿童和家庭？

谁？

- 谁是学校、机构或中心的领导者？
- 谁是学校、机构或中心的新兴领导者？
- 谁是学校、机构或中心的候选领导者？

怎么样？

对于在职的领导者

- 我对所任职的学校、机构或中心的领导力的反思，如何影响并改善

领导力实践?

· 这种反思性学习如何发展成领导力实践的新理论或新方法?

对于候选的领导者

· 我对自己的领导力实践的反思如何影响并提高我的领导能力?

反思为领导者和从业人员提供了一种变革教学法、服务供给和实践的过程。下文将在政府审查、改革和相关政策的背景下对其展开讨论。

反思性学习与实践

随着政府审查、改革和相关政策促使学前教育的服务供给和实践格局不断变革,学前教育工作者、教师和领导者们进行反思开始变得重要。反思能够为领导者和从业人员提供改变现有工作格局的途径,即通过阅读、与他人对话以及思考理论和研究并探索其与实践的联系、对实践的影响,进而具备思考并挑战现有工作方式的能力(Reed,2010)。反思涉及对知识的再加工、重构和理解。在反思的过程中,领导者和从业人员试图理解新材料,将其与他或她的已知信息相联系,改进现有的知识和理解,以发展并适应新思路(Moon,1999)。

反思性专业探究包括反思性对话和有关教育议题或问题的对话,涉及对新知识的寻找与应用,并通过观察、分析、联合规划与发展来审查教师和学前教育工作者的实践,来满足学生个体的需求(Stoll,2013)。行动研究(action research)是一种自我反思的探究形式,也是一种以个人或协作的尝试并结合行动(实践)与研究(反思)来理解、改进和改革实践的活动(Siraj-Blatchford and Manni,2007)。在"学前教育中的有效领导力研究"(ELEYS)中,有效领导力实践的一个类别是,在学前教育组织中构建学习者共同体(a community of learners)来鼓励反思,这些学习者对反思性、批判性实践和专业发展有着共同的承诺。而在有效的机构中,领导者会积极参与个人和协作式学习与研究,在自身的工作实践中注重反思,并鼓励工作人员也进行反思。

实践学习共同体由反思性领导者引领,由反思性从业人员组成,其发展历程涉及社会学习的过程。这一过程会发生在参与者们产生共同兴趣、分享思路与实践、讨论议题、解决问题并通过反思性对话发展共同理解与新实践之时（Wenger，1998）。随着人们的参与和时间的推移，实践学习共同体会逐渐发展，这证明了学习并非静止的，而是一种在专业实践中反思、改进和变革的新兴过程。为了构建由反思性从业人员构成的学习共同体，领导者需要建立一种信任、尊重和开放对话的氛围，鼓励从业人员挑战和质疑实践、理论及研究，并赋予其意义，发展出新的理论与工作方式（Hallet，2013）。

柯尔莫（Colmer，2008）描述了她在领导一个学习型组织时所扮演的角色，以及她在将澳大利亚多所学前教育中心发展成为学习网络时所起的作用。最初，她在澳大利亚学前教育中心集团的一个儿童中心工作。在这家位于阿德莱德的儿童中心内，工作人员受到领导力和反思性实践的激励。而中心对工作人员的培训和发展进行投资，这一举措延伸了学习网络，还催生了为儿童及其家庭提供的高质量综合服务。为了将学前教育中心发展成有效的学习网络，该中心将行动学习（action learning）作为核心的研究方法论。在儿童项目中，工作人员设计并实施了行动学习计划。一项由指定工作人员领导的、为期两年的从业人员探究项目以这些工作人员的领导能力为基础，进一步提升了他们的领导能力。此外，该中心的资深工作人员为全体工作人员提供领导力课程，这一课程包括行动学习，并要求工作人员在中心的不同小组间开展合作。而作为学前教育顾问团体和网络的成员，工作人员有机会参与更广泛的专业活动，例如，参与专业会议并进行汇报，参与人员借调计划。这些活动能推动专业学习与发展，并提供宝贵的持续性网络。这些活动还会使工作人员的专业知识与技能得到认可，并建立全国性的网络与联系。对此，作为一名领导者，柯尔莫会鼓励她的工作人员进行反思性专业发展。下文将讨论领导者监督并评估实践与行为，以及明确优势和专业发展领域的方法。

监督实践与促进反思性专业发展

所有人都认可并致力于持续性发展与培训，这是学习者共同体的组成部分之一。这可以与一种论点相联系，即学前教育机构的质量与在此机构任职的工作人员的质量直接相关（Rodd，2013）。教育领导者（educational leaders）面临的首要任务是直接或间接地支持和改善儿童的学习与发展，教学领导力的重点便是教与学。上述内容与工作人员的日常实践和与儿童的互动（会对儿童的发展产生直接的影响）密不可分。因此，必须监督和测量这类实践，以确保所提供的实践的质量能达到良好的标准。

此外，领导者致力于监督和测量学前教育工作人员的实践和行为是学前教育领导者促进学习者共同体发展的另一种方式。实际上，这一过程将有助于确定当前工作人员的实践和行为中存在的优势和局限，并使工作人员明确专业发展的机会，以供其选择。在大部分涉及"学前教育中的有效教学法研究"（REPEY）的学前教育机构中，对工作人员的监督和测量被认为是机构运营的重要且关键的特征。下文的案例研究包括五个托儿所案例，呈现了旨在促进反思性实践与工作人员发展的不同评估层面。

📁 案例研究：工作人员的发展

阳光私营日托中心（Sunshine Private Day Nursery）

阳光私营日托中心致力于持续性地评估和发展工作人员，为我们提供了一个致力于该领域的优秀案例。员工刚入职，持续性发展就开始了，全体工作人员都需要参加一项关于儿童护理和安全的入职培训课程。接下来，日托中心鼓励所有工作人员接受持续性培训。日托中心的定期评估制度要求每6—12个月为每名工作人员提供一次评估意见，此外，资深工作人员也会提供其他定期审查意见，持续性培训会根据这两方面反应的需求开展。而评估制度本身也提供了一种模型，使评估人员和受评估人员可以发展评估技术，识别培训需求。

日托中心的领导会开设培训课程，该课程来自中心附属的培训公司，中心的工作人员可以选择参加其中的一项或两项培训课程。现行的部分课程包括：管理、评估及儿童保护课程。在定期的内部工作人员会议上，资深工作人员还会提供其他培训。此外，该日托中心还制定了一项程序，以确保参加课程或工作坊的工作人员有时间和机会在工作人员大会期间向他人汇报。而且，中心管理者还订阅了与保育和教育相关的专业期刊并分发给所有工作人员，而工作人员也可以进入藏有专业书籍的图书馆。

监督和测量系统对更深入的探索特别有帮助。中心管理者尝试每 6—12 个月对每位工作人员进行一次评估面试。所有工作人员都会拿到一份综合指南，其中会详细描述评估系统的目的与程序，这体现了对评估专业表现并将其与持续性培训需求直接联系的负责且成熟的态度。

每位工作人员都会经历中心管理者、一名资深工作人员和一名普通工作人员的评估。其中，第三人是受评估工作人员的平级同事，其出现的意义在于避免不公平和有偏见的评估。这一评估强调高度的保密性，适宜学前教育机构这种劳动力规模较小的特定评估结构。此外，为了确保公平准确地完成评估，所有参与评估的人员都需要接受培训，并了解注意事项和建议。评估人员也会被建议，根据观察到的实践而非人，做出客观专业的判断。此外，会对三位评估者的观察与原始评估结果作比较，以确保在向受监督和测量的个体报告前达成一致。

评估系统一共分为三个部分。第一部分为完成前期评估表格。在评估面试的至少一周前，每位受评估者都会收到表格，完成后提交给部门管理者。表格要求受评估者提供：与实际职责相符合的岗位描述，与表现相关的个人评估和其他影响因素，所接受的培训，预估的未来需求，可能的目标，以及管理层可能提供的额外支持。

第二部分涉及评估面试。开始时，评估室内的两名工作人员（一名资深工作人员和一名平级同事）会合作完成一份对工作人员的评估报告，评估的依据是观察受评估者的表现、与儿童的互动、与儿童父母的合作关系，以及对日托所的贡献水平。之后，部门管理者和平级同事会利用评估面试，聚焦于评估工作人员的总体表现、与儿童父母的关系质量和主动性水平。此外，评估领域还包括：外表，与同事和孩子良好相处的能力，专业知识与技能的水平和成熟度，观察记录的技能，以及对专业发展的兴趣程度。对于每一评估领域，会给出 1—4 级的等级评定，其中 1 级为最低，4 级为最高，并求和获得总分。这一结果形成了受评估者和中心管理者之间的讨论议程。对于评估中发现的任何缺点，首先会通过讨论尝试解决，如有必要，后续会提供日托中心内部或外部的适宜培训项目。后期评估表格也可供受评估者使用，使其有机会撰写评论，或提出有关评估的任何问题。这种后期评估表格为受评估的个人提供了机会，使其能够深入思考在与所有评估人员讨论时所提出的议题，并形成自己的想法。

探索幼儿学校（Discovery Nursery School）

在探索幼儿学校内，工作人员评估系统能确保所长定期监督所有工作人员。托儿所的策略明确指出，监督和评估的目的在于：提高教与学的质量，营造发展与批判性合作的氛围，并确定和分享优质实践。这一过程是持续性的，并且多半是非正式的，幼儿学校校长会通过与工作人员的频繁对话来评估其表现。每位工作人员都会参与一次更正式的年度会议。会上，幼儿学校校长会对全年工作进行审查，并为每位工作人员提供单独的发言机会，以讨论自身对持续性发展的想法，并表达当前的所有顾虑。在年度审查会议上收集的信息会影响幼儿学校校长未来的组织计划与决策。除了非正式的监督和对话以及年度审查，幼儿学校校长还会在工作人员日常工作的教室进行观察。正式的观察能够确定这名工作人员发展的优势和目标领域。这些目标都是保密的，但在为多名工作人员确定了类似的发展目标时，幼儿学校会考虑为全体在职工作人员提供与此目标相关的培训。

虽然频率和程序有所不同，但在学前教育机构的数个案例中，多位管理者描述的都是这类非正式与正式相结合的监督和评估模型。大多数受访人员报告了自己会进行持续性的非正式观察或讨论，以便维持对机构日常事件的掌握，但随后会采用更正式的方法补充观察结果，以确定工作人员的优势和局限。所有人都提供了建设性的反馈，并帮助工作人员利用这些要点来发展和改进专业实践。

蓝天日托中心（Blue Skies Day Care Centre）

蓝天日托中心管理者的评论强调了职责反馈能够促进更多反思性实践的产生。她解释说：

我总是惊讶于观察员的评论和反馈意见所体现的洞察力。我认为我们所做的很多工作都是直觉驱动的，无论好坏，了解外部的视角有助于改进实践，或用语言表达现有的优质实践。

奉献树托儿所（The Giving Tree Nursery）

奉献树托儿所所长对这一想法产生了共鸣。她解释说，对观察到的实践提供反馈意见的主要目的之一就是确保她的工作人员能在实践中加强反思，以便识别自身的优点和局限。风间柳树私营日托中心的管理者的实践与理解似乎更进了一步。

风间柳树私营日托中心（Wind in the Willows Private Day Nursery）

除了正式的监督和测量程序，风间柳树私营日托中心的管理者还开发了一种同伴观察系统。在这里，工作人员能拥有一段不与儿童接触的时间，其间他们有机会观察同事如何与幼儿一起"工作"，并由此促进讨论，增加反思性实践，评估工作计划在实践中的实现程度。

协作性反思对话

在学前教育机构中，可以通过具有常规性和一致性的监督、测量以及协作式对话体系来促进反思性实践（Siraj-Blatchford and Manni，2007）。为工作人员提供通过定期聚会进行反思性对话的机会能够构建一种反思性的学习文化。而这恰恰是意大利瑞吉欧·艾米利亚地区托儿所的常见做法，教师（pedagogues）会定期闭园召开会议来讨论儿童的学习进展（Abbott and Nutbrown，2001）。在参与了"学前教育中的有效教学法研究"（REPEY）的探索托儿所中，所长每周三下午会关闭托儿所，以供工作人员参与有关儿童学习、反思性实践和专业发展的协作式对话。下文的案例研究解释了这种方法是如何促进反思性对话的。

📁 **案例研究：协作性反思对话**

探索托儿所的所长反思道：

每周三下午提早关闭托儿所，这是我们作为工作人员长期以来认真思考的事情。这一想法已经付诸实践，原因就在于，我们都觉得自己需要时间来规划和探索记录儿童学习的方法。此外，我们还想让与孩子一起工作的工作人员有高质量的时间来反思和讨论教与学。托儿所是一个非常繁忙的地方，虽然工作人员一直在持续不断地说话，但这种谈话往往是忙里偷闲……

这些周三下午实现了一系列目的，从日常业务到接待外来顾问的拜访，再到策略制定。除了为工作人员提供例行的碰面机会，还确保看护人员和其他支持人员也能够在工作时间参与进来。这种具有包容性的环境有助于将每位工作人员及其与孩子、父母相处的经历价值化，发掘其对持续性教学话语具有的独特且极度宝贵的价值。此外，这还能支持并促进相互尊重的文化，在这种文化中，每个人的付出都会受到重视。

领导者的反思性学习主要关注工作人员的行为和特质，但也有涉及父母和儿童的部分。具体包括：领导者进行推理，解决问题，评估，为服务供给和实践提供建设性的反馈，向他人学习、与他人一起学习，解释教学理念，思考和倾听他人的观点，思考和观察实践，以及与他人一起探索并挑战理论与研究的能力（Hallet，2013）。而领导者以建设性和灵敏的方式为同事提供反馈，并指引提升实践的办法，是反思性学习的基础。以下问题提供了通过反思这一途径来促进反思性学习的方法。

〰️ **反思性问题**

对于在职的领导者

在您向一名工作人员提供反馈时，考虑提供一个关于您的领导力实践的案例。

- 您如何使该名工作人员做好准备以获得反馈？

- 您在什么时间提供反馈？
- 您在哪里提供反馈？
- 您如何提供反馈？您在这一过程中思考了什么？
- 您如何通过指引方向来推动该工作人员提升实践？
- 请反思您如何反馈和进行正向输送。
    - 您的工作人员如何接受反馈？
    - 您如何看待反馈的过程？
- 在提供反馈并推进反思性学习的过程中，您学到了哪些关于领导力实践的内容？
- 下次指导时，您会有什么不同吗？

对于候选的领导者

请您提供一次收到领导者反馈的体验。

- 领导者如何帮助您做好准备，以接受反馈？
- 您在什么时间收到反馈？
- 您在哪里收到反馈？
- 您如何收到反馈？
- 领导者是否通过指引方向来推动您发展实践？
- 反思您收到反馈和指导的经验。这一经历是积极的还是消极的？与领导者的互动是否有助于提升您的反思性学习？
- 对于提供和接受反馈的领导力实践，您学到了什么？

　　本章思考了领导者促进和支持他人的反思性学习的方式。领导者应该表现出批判性的自我反思领导力，要能够反思工作人员的个人表现，并考虑他人的意见和反馈，以明确自身的领导力实践对儿童中心服务的有效性；领导者还应该做出发展持续性专业领导力的个人承诺，体现反思性学习，并激发其他工作人员也有志于此（Siraj-Blatchford and Hallet，2012）。学前教育机构、学校和儿童中心的领导者有责任在持续性专业学习和改进的框架内，通过批判性反思和自我评估来发展自己的领导力实践。

☐ 本章小结

　　本章探索了学前教育的有效和关怀领导力中，教学领导力这一主题下的领导力实践——引领反思性学习。本章通过领导力实践的案例研究，讨论并说明了课程领导者通过反思性对话来提供反思性学习机会的方式，以及促进持续性专业发展的方式和监督实践的多种途径。本章还思考了为反思性学习提供反馈的领导力实践。而反思性问题也为领导者提供机会来思考该如何引领反思性学习这一特定领导力实践。

→　下一章"领导力故事"是本书的第三部分，这部分对本书进行了总结。学前教育领导者们的"领导力故事"是反思性的说明，通过图文并茂的内容描述了他们自身的领导力经验，并反思了自身的领导力历程、领导者身份和领导力实践。

延伸阅读 📖

Bolton, G. (2010) *Reflective Practice: Writing and Professional Development*. 3rd edn. London: Sage.

Colmer, K. (2008) 'Leading a learning organisation: Australian early years centres as learning networks', *European Early Childhood Education Research Journal*, 16(1): 107–15.

John, K. (2008) 'Sustaining the leaders of children's centres: the role of leadership mentoring', *European Early Childhood Education Research Journal*, 16(1): 53–66.

Lunenberg, M. and Willemse, M. (2006) 'Research and professional development of teacher educators', *European Journal of Teacher Education*, 29(1): 81–98.

Wise, C., Bradshaw, P. and Cartwright, M. (eds) (2013) *Leading Professional Practice in Education*. London: Sage.

第三部分
反思性领导力

导读

在教导学生成为反思性、探究性从业人员的同时，一位经验丰富的蒙台梭利学校的教师领导者（teacher leader）费利西蒂为我提供了以下她在阅读时发现的关于拥有反思性的摘录：

创造性反思循环可以被比喻为呼吸，是儿童和成人之间的一种重要的能量交换。呼吸是由一系列阶段组成的连续循环。吸气即为观察，是我们对环境和正在发生的事情的理解。吸气与呼气之间的暂停是在重新审视、分析并产生可能性。而呼气则是我们对儿童和探究性环境的反应，随着呼吸，生命得以运转。这是一种儿童和成人之间互惠交换的连续循环。

这段由阿奎尔·琼斯和埃尔德斯（Aguirre Jones and Elders，2009：12）所创作的文字强调，反思如呼吸一般，是人体不可或缺的部分，它在我们的日常行为、见闻和生活状态中具有重要意义。作为在职的或有志于此的学前教育领导者，我们正处于学习与发展专业领导力的反思性学习之旅（Hallet，2013：125）中。在这段旅程中，领导者不可避免地会在所选择的道路上经历诸多峰回路转。通过反思性步骤，这一道路会逐渐清晰并形成反思性路程的方向，以供学前教育领导者审查、思考和发展自身的领导力行为与实践。

第三部分是本书的结尾章节。该章题为"领导力故事"，展现了女性领导者的成就。在这些领导力故事中，三位学前教育领导者反思性地叙述了自身从始至终的领导力旅程。她们通过绘画和文字传达了真实的声音。呈现这些故事的目的在于鼓励在职的和候选的领导者思考自己探索、学习与发展领导力的反思之旅。

第11章
领导力故事

本章概览

前文各章节探讨了有效和关怀领导力的实践，并讨论了反思对领导力实践的重要性。本章作为结束章节，将通过叙事性探索来展示生动的领导力经历。三位学前教育领导者各自分享了自己自传性的反思故事，内容包括自身的领导力旅程和对自身领导者身份的理解。

本章将：

- 讨论作为理解专业实践的途径之一的自传性叙事；
- 思考领导者身份；
- 分享女性领导者关于领导力经验的故事；
- 提供机会以反思性地讲述领导力经验。

反思性故事

讲述故事是各大洲和各文化中常见的做法之一。叙事是人类经验和存在的核心，它提供了机会以分享历史特定时期所发生事件的性质和顺序。叙事有助于定义自我和个人身份。对于发展批判性专业自我和专业实践的技术，自传式自我反思（autobiographical self-reflection）是最重要的叙事形式之一（Bold，2012）。从内部开展研究以发展个人和专业的自我意识（Mason，1994）是自我反思的核心。

反思性写作（reflective writing）能影响反思性实践、专业学习与发展；反思创造出一种与自我的电影式对白（Bolton，2010）。一轮观察，一段对话，一次重要事件，一篇期刊、日记摘录或写作片段，都可能支持个人进行反思性叙事（Bold，2012）。书写故事是专业学习者为了进行反思性探究和实践而建立内部对话的一种方式（Hughes，2009）。通过反思个人和专业的生活历程，从业人员和领导者能够理解影响力，构建价值观、理念和教学法，以便与儿童及其家庭一起工作，并担任领导者角色。这些真实经验和真实人际关系就是个人和专业的历程（Clough and Corbett，2000：156）。从批判性反思的角度来看，解构和重构这些经验、关系、重要事件及其影响、专业身份和自我认知，都来自个人与专业的知识和理解。

对于领导者和从业人员相互交织的生活历程而言，个人叙述（personal narratives）是对其自我（theself）、个人（the personal）和专业方面的探索，能够赋予彼此意义，并促进专业身份的发展（Court et al.，2009）。在新西兰，有一种观点认为，学习自我（learning self）是专业性的基础，而与人、事、思想、政策和政治之间存在的联系是持续性话语的一部分（Duhn，2011）。辛克莱（Sinclair，2011）在关于领导者身份的研究中提出，在反思性学习、体验式过程学习（experiential process learning）以及应用批判性观点上的投入，对理解领导者的身份至关重要。通过经验和探究，学习得以发展，进而影响反思性实践（Paige-Smith and Craft，2011）。阿普尔比（Appleby，2010）将反思性实践描述为永无止境的学习之旅，博尔顿（Bolton，2010）则将学习之旅描述为经验故事。

领导力经验故事

在一门硕士课程中，在某次以在任的学前教育领导者为对象，以领导学前教育服务的政策与实践为内容的研讨会上，经验故事及其所发现的概念正被用于理解学前教育领导力及领导者身份。学者奥布里（Aubrey，2011）追踪了领导者的实践路径或进入领导层的历程。受其影响，领导者被要求通过视觉表征、反思性写作和与他人的反思性对话，为他们亲身经历的领导力经验赋予意义和价值，展现自己进入领导层的专业历程和领导者身份。这些叙述提供了一种回顾性探究，它探究了影响这些女性成为学前教育领导者的重要因素和事件（Court et al.，2009）。每位女性的领导力经验故事都产生了一种独特的个人信息合集。对于领导力发展和领导者身份，反思能够深刻洞察领导者的个人感受和专业感受、价值观、理念与态度。此外，这种故事叙述方式、故事结构、语言使用及其特征，无不揭示了故事讲述者的诸多信息及其讲述事情和生活的方式（Ashrat-Pink，2008）。

下文的三个案例研究是女性学前教育领导者的经验故事，她们反思了自己的领导力之旅以及作为领导者的她们到底是谁，并突出了领导历程中的影响因素和事件。前两个案例关注的是领导者的领导力之旅和领导者身份，而在第三个案例研究中，领导者反思了她的领导力之旅、发展和实践。此外，案例中展示的领导者的图画和文字都被视为学前教育的有效和关怀领导者的真实声音。

📁 案例研究：芙洛的领导力故事

在摘自芙洛的反思性日记的片段中，她反思了自己在一所规模较大的小学成为基础阶段学前教育部门领导者的历程，并描述了她的领导者身份。

多年来，我一直担任学前教师，很高兴能和孩子们一起工作。我并没有期待成为一名领导者。我是被猎头看中才申请了小学的基础阶段协调员（Foundation Stage Coordinator）这一领导职位的，我负责与高层管理团队一起，为学校即将接受的教育标准办公室（Office for Standards in Education）的检查而工作。我曾经在一所独立学校（independent school）担任托儿所所长，我的副手鼓励我申请更高级别的领导职位。我曾经攻读学前教育专业的硕士学位，这使我对申请充满了信心。在硕士课程中，我学习了关于学前教育领导力的模块，导师要求我们反思自己的领导力风格与实践，并通过绘画呈现自己的领导者身份。

　　我把自己的领导力描绘为一棵柳树（详见图 11.1），树干和树枝以灵活的方式运动，在风中轻轻摆动的树叶悬浮并倒映在一汪清澈的湖水中。我会时常反思自己的领导力，以便灵活地满足学校、基础阶段部门、工作人员、家长和孩子的不同需求。我会为此找寻时间和空间。学前教育部门的变化似乎正在拂过树叶，而我需要时间思考这些，并考虑我所在机构最适宜的发展方向。

　　在由服务、经验、知识、价值观、教学法和最佳实践组成的强大根系的保护下，柳树会在湖面上来回摇摆，但不会倒下。在领导力实践中，以及与工作人员、父母、儿童和其他专业人士互动时，我的同情心、勇气、尊重、耐心和情绪智力得到了体现。

　　总而言之，作为领导者的我到底是谁？我是一位以学前教育的知识、教学法和实践为基础的，具有灵活性与反思性的领导者。

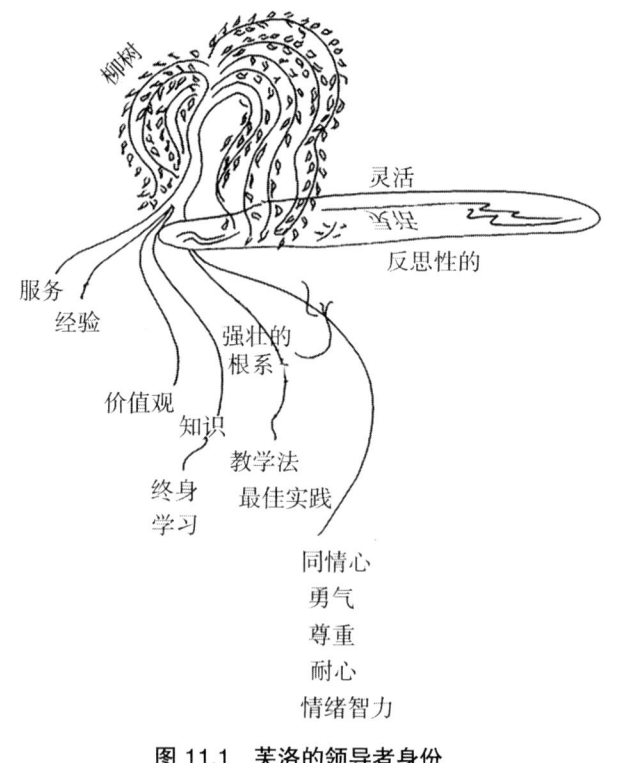

图 11.1　芙洛的领导者身份

📁 案例研究：艾莉森的领导力故事

学前教育的研究生领导者艾莉森供职于一家私营日托机构。这是一家专门为工作人员子女提供学前教育服务的单位附设托儿所。

我阅读了卡罗尔·奥布里（Carol Aubrey）和吉莉恩·罗德（Jillian Rodd）的著作，文中提出，学前教育机构的领导者不太会将自己与领导者角色联系在一起，或视自己为领导者。此外，领导者缺乏可以遵循的明确发展途径，也很少接受关于如何领导他人的培训。领导者只是在自然过程中衍生的角色。在没有得到任何帮助或建议的情况下，我便被赋予了领导者角色，我也没有考虑如何发展领导力技能，就接受了职位任命。

在特定的时间和地点下，领导力基于共同的理解发展起来。在我的第一次领导力经历中，我被要求领导一个班级，以及课程、教学法和实践，而不需要管理工作人员。在我的第二次领导力经历中，供职于另一家机构的我被期望领导班级、课程和工作人员，并担任部门经理。在这家机构，我有了更大的自主权。

我觉得自己需要一些领导力培训。在这个绝佳的时机，我了解到研究生学前教育领导力资质［即学前教育专业资质（EYPS）］，它也成为我提高服务质量、做出改变的动力。获得学前教育专业资质（EYPS）并没有改变我的角色定位，但让我更有信心领导并支持他人的教学与实践。作为一名学前教育的研究生领导者，一名学前教育专业人士，我从未感到自己的专业身份被质疑，我认为我的技能已达到卓越品质。

在描绘我的领导力身份时（详见图 11.2），我意识到，有效领导力是很复杂的，也很有挑战性。

在反思作为领导者的我到底是谁时，我发现，我的领导风格与实践似乎有多重面貌。对我而言，图中的圆圈部分似乎是最重要的，包括：被热情和知识驱动；体贴的与反思的；理想明确但态度开放；有远见；可咨询；有影响力；成为榜样并向他人展示。同时，我也会陷入繁文缛节里（有时候就像在泥里徘徊）；因为承担太多工作而倍感压力；健忘；通常会合作，但有时会独断专行。这些都是在繁忙的学前教育机构中担任领导者一职的起起落落。

　　作为领导者，我努力保持开放、公平和一致性。我的目标是发展自我和团队，并且我认识到持续发展自己的知识不仅是职业角色的先决条件，还是对学前教育保持激情的关键方式。通过持续性专业发展、反思和领导力实践经验，我已经成长为一名了解自我能力的领导者。现在，我能够协作地进行领导，对自己的能力充满信心，还能带领他人也做到这些。

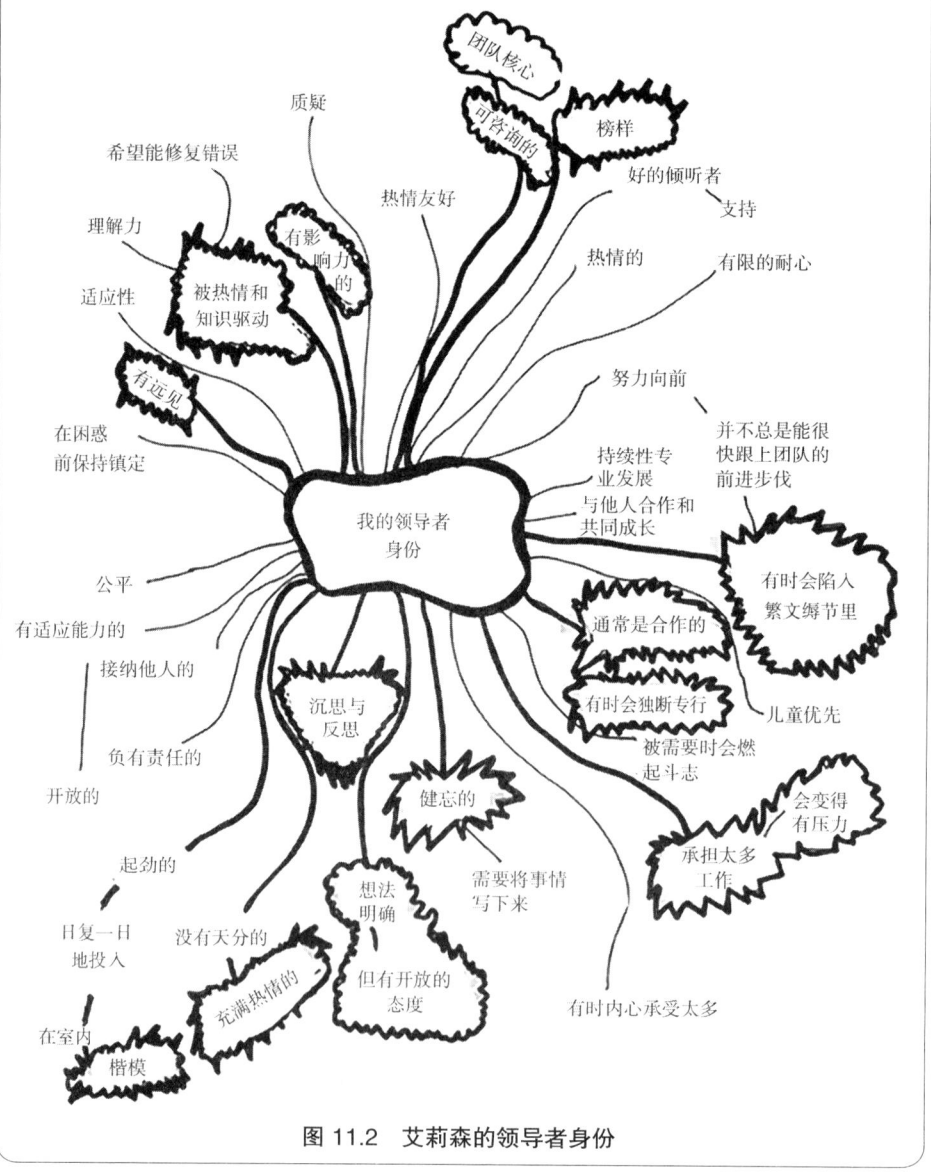

图 11.2　艾莉森的领导者身份

📁 案例研究：米歇尔的领导力故事

米歇尔的领导力经验故事（图 11.3）呈现了她在国内和国际背景下的领导者发展历程。

为了反思她的领导力之旅，米歇尔采用了布卢姆（Bloom，1997）提出的指引领导者发展的三阶段发展框架，即新手领导者（beginning leader）、熟手领导者（competent leader）和专家型领导者（master leader）。这一框架准确地描绘了她成长为一名小学领导者所经历的全过程。

新手领导者

在教学生涯的起始阶段，我从未考虑过成为一名领导者的可能性。传统的领导力概念指向的是唯一的领导者，我强烈反对这种想法。我成为了一名"偶然"的领导者，换言之，我是在机缘巧合下成为了领导者，而非有意识地选择。和许多学前教育领导者一样，我成为领导者是由环境造就的。而且几乎没有接受过领导力培训。然而，受学校当时的学前教育协调员的热情和承诺的影响，在我职业生涯的初始阶段，我作为候选领导者的专业发展得到了强化。她是一个出色的榜样，是思路清晰的沟通者，她能够激发团队的信心。她与团队的关系非常融洽，这一特点非常突出。无论被施加什么压力，她总能抽出时间倾听每一位团队成员的声音，每个人都对她有很高的评价。是她教会了我建立良好关系的重要性。

当被要求接管协调基础阶段的工作时，我决定接受这一职位。由于我不需要建立团队，这一阶段的经历只是使我有了些许做领导者的感觉，并没有积累特别广泛的经验。通过前任负责人的分配式有效领导力，我承接了一支已然建设完善的团队，这支团队也已经设立了提升服务质量的明确愿景。在此期间，作为领导者，我的角色主要是根据已确定的目标监控发展情况。然而，这一阶段的经历挑战了我最初对成为领导者的抗拒以及对领导者的误解。

此外，领导（leadership）和管理（management）这两个术语经常被互换使用，它们都是学前教育领导者角色的一部分，但是二者的功能区分比较模糊。当我在一家位于比利时的服务于英国儿童的小学中再次担任领导者角色时，上述术语所造成的困惑反映在了我的亲身经历中。作为基础阶段的管理者（Foundation Stage Manager），我负责学前教育部门（early years unit）的日常运作以及预备班（reception class）的教学任务。就职前，我的职位描述说明我要负责管理这家有着 56 个学位的机构的财务、

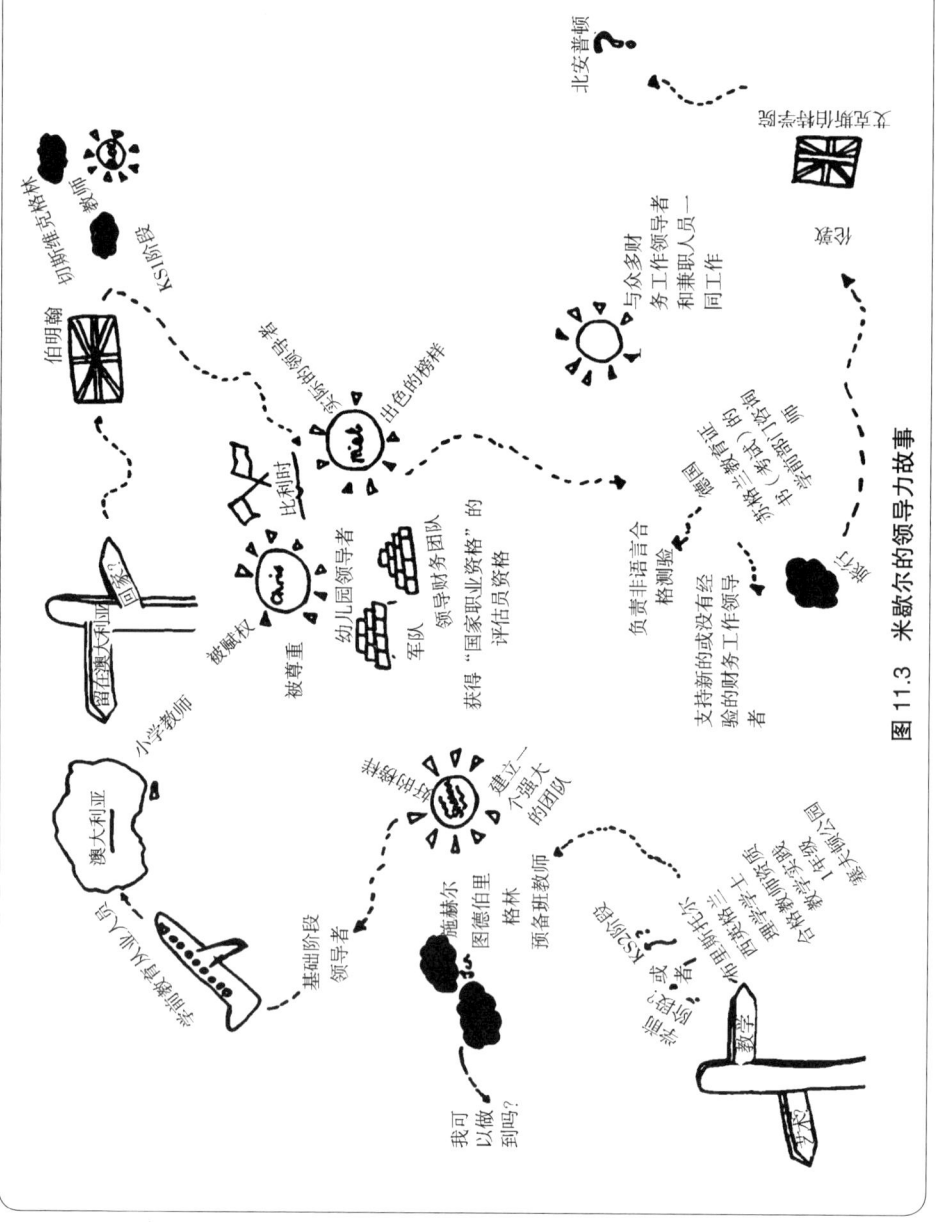

图 11.3 米歇尔的领导力故事

人力和物质资源。然而，在就任时，我又需要承担另一项新的工作职责，即提高学前教育的教与学的质量标准。因此，我不仅是一名管理者，也是一名领导者。从我的经验可以明显看出，领导和管理之间的作用存在明显差异。管理者的职责是组织和协调工作人员队伍，并负责保证机构高效地完成日常工作。相比之下，领导者则负责指明方向，激励团队建设，并成为工作人员的榜样。

比利时这家基础阶段教育机构的工作人员多样而复杂。最大的挑战之一在于劳动力招募自当地的英国军营，这些人只是短时间住在那里。这导致学前教育团队中的工作人员时常变动，并且几乎没有连续性。只有我成为始终在此工作的人。我的团队由一群基本不合格的、缺乏经验的妇女组成，她们的丈夫被派往海外任职。这引发了一项巨大的挑战，即需要持续不断地培养劳动力，提高其专业化程度。因此，我需要一项完整的培训计划和一个明确的入职流程，并支持她们获得受认可的相关专业资格，来满足法定要求。

就我自己的领导力培训而言，我的职前教育与许多老师类似，更多地聚焦于学科专业，而非支持我成为一名候选的领导者。作为一名教师，我很自信，因为我清楚地知道是什么构成了高质量的教与学，而我需要的是从管理儿童过渡到管理并领导成人。要成为一名有效的领导者，我还需要致力并擅长于培养工作人员，包括：了解指导与辅导的技巧，具备促进工作人员专业发展的能力，以及营造鼓励工作人员积极开展专业讨论的风气。尽管我接受的工作培训缺乏对领导力的培养，但我在基础阶段的第一次协调工作经历使我深入了解了通过成为分配式领导者以贯通领导力的途径。我不清楚的是，应当如何实现这一目标，以及这种模式是否可以在军事学校的环境中实现。我需要考虑我工作的环境——这个军事社区基本上是一个男性主导的世界，自然地，这里完全陷入了层级领导力（hierarchical leadership）的传统。我担心这个社区会把领导者视为表现出男性特征的人，即墨守成规、有竞争性和权威性的人，而不是一个追求协同、合作、支持团队合作的领导者。如果这个社区的人们真的持有这种观点，那实施分配式领导力模式将具有挑战性。特别是因为分配式领导力模式需要每名团队成员积极参与、相互影响和激励以实现变革，而非仅由一个人决定变革的方向。

在我担任基础阶段领导者和管理者的第一年，我一直担心自己是否有能力为机构中的所有学习者提供支持。就像布卢姆所言，所有的新手领导者都会质疑自己是否胜任，我也担心自己能否适应并被这个女性为主的团队所喜欢。这使我在最初阶段将工作重点放在了团队关系的建设上。

熟手领导者

我花了两年的时间从新手领导者转变为熟手领导者。正如布卢姆所言，我经历了从挣扎到开始得心应手的阶段，变得可以更专注于手头工作（即提高学前教育服务的质量）。这一转变受许多因素的影响。对工作人员质量影响最大的是，工作人员在职期间能获得"国家职业资格"（National Vocational Qualification，简称NVQ）。而我本人获得了"国家职业资格"（NVQ）评估员资格，这使我能够通过定期的观察、反馈和目标设置来手把手地支持工作人员的专业发展。对这些女性工作人员来说，获得职业资格证书是一项巨大的成就，她们中的许多人毕业时获得的资格不高，而且她们的生活在很大程度上取决于丈夫的职业。通过获得这些资格，这些女性工作人员在个人和专业方面都收获了自信，拥有了一种赋权感，并且开始认同自己的工作，将其视为回到英国后的职业追求。

这也标志着我作为领导者的赋权起点，通过赋权他人，我觉得自己也被赋权了。我开始批判性地反思自己的实践与工作环境，更重要的是，我会思考这一实践对孩子们的成果、学习品质和健康的影响。这一过程也使我在规划愿景时会从儿童和环境的需求出发，而不是像作为新手领导者时那样仅仅基于政府政策的角度。

随着工作人员的信心不断增强，她们会开始反思如何提升服务质量，并提出建议。这是一个重要的转折点。为了进一步促进这一现象，对我而言，重要的是要认识到她们的想法，允许她们发挥主动性，表明她们的判断是可信任的，并为她们提供发挥领导力的机会。这营造了一种对变革秉持更开放态度的精神。因此，我们的机构发展目标不再仅仅基于我的愿景，而是出现了团队愿景的萌芽。这恰恰是向前迈出的重要一步，因为集体性反思是实现组织变革的关键。在信任和开放的氛围中，我似乎实现了发展分布式领导力模式的愿望。

通过创造一种赋权感，团队成员会更具主人翁意识和责任感。我想把这种文化发展成儿童学习的教学法。由此，我提出了关于赋权儿童的想法，让儿童对学习有更多的选择权、主导权，利用儿童的想法和兴趣来以儿童中心的方式指导课程，使儿童有更强烈的学习倾向。校长要求我制订一项行动计划，内容包括旨在实现变革的行动计划时间表，以及可以监督进展的明确路径。我认识到，想取得成功就必须让团队中的每一个人都参与其中。我担心从原有的既定工作方式转变为更自由的工作方式，可能会让部分工作人员倍感压力。而我尝试克服这一挑战的方法之一是确保每一个人都能平等地参与规划和决策，让工作人员将变革看成是一种挑战而非威胁。此外，使工作人员了解变革的必要性并参与变革过程，变革将更有可能取得成功。而对于作为领导者的我来说，反思在实施变革的进程中发挥了关键作用，因为我在不断地评估哪些方面运行良好，而哪些方面需要进一步改进。

由于所有团队成员的奉献与驱动，我们机构的实践不断发展壮大，我们也被邀请与他人分享实践经验。跨学校地分享实践经验与建立专业学习共同体，有力地支持了学校的发展、标准的提高，并为工作人员提供了专业发展以及与其他教师和学前教育工作者分享实践的机会。

专家型领导者

经过四年的历练，我已经成长为一名自信的领导者，成为了布卢姆所描述的"专家型指引者或领导者"。在这一阶段，我理解了自己作为变革主体的角色，并且有信心处理几乎任何情况。军校的劳动力仍然无法长期工作，对此，我开发了工作人员的招聘、入职和评估系统。一些从业人员带着先前的工作经验加入了团队，还带来了关于如何提升服务质量与实践的新想法。

我视自己为一名激励人心的领导者，因为我终于实现了维持人际关系和完成手头任务这二者的平衡。我对决策和问题解决充满了信心，对工作人员的能力充满了信心，并努力确保所有工作人员都能参与制定策略与目标。我越来越有自信能承担风险。

总结想法

在我教学生涯的领导力经验中，一些关键因素的重要性得以凸显。未来的候选领导者和新手领导者需要接受相关的培训与支持。虽然，这种想法已经通过学前教育专业资质（EYPS）和国家综合教育中心领导力专业资格（NPQICL）等新兴的高等教育资质得以推广与发扬，但也需要在职前教师培训中进行强调。

在我的领导力之旅中，由于准备不足，我在作为新手领导者时经历了一段充满挑战和孤独的时期。然而，在领导者角色中，我所面临的挑战也在帮助我成为一名领导者。其中，支持我实现成功领导力的最关键因素之一便是批判性地反思自我实践和建立学习共同体的能力。在担任领导者期间，反思成为一个持续性过程，这一过程能支持儿童发展、工作人员学习和我的领导力学习。当开始作为大学讲师进入职业生涯的下一阶段时，我依然会保持这种能力。

芙洛、艾莉森与米歇尔的领导力故事为学前教育的有效和关怀领导力提供了反思性的见解。她们的领导力实践展现了本书第二部分讨论的领导力主题与实践：定向领导力、协作领导力、赋权领导力和教学领导力。

您或许也可以通过图文并茂的方式来反思自己的经验故事、领导力故事与历程、领导者身份与实践。

〰 反思性问题：我的领导力故事

请您准备好一张桌子和一些纸，以及各种钢笔、铅笔、蜡笔或毡尖墨水笔。使用这些工具绘制图像，从视觉上直观呈现您的领导力故事的各个方面。以下建议可以帮助您专注于领导力经验故事的某一方面。

- 在您的领导力之旅中，有什么关键事件及影响因素？
- 我是谁？请画图说明您的领导者身份、领导力风格与实践。

使用这种视觉表征作为反思的基础，请反思性地写下您的领导力故事。使用笔记本电脑写作能够加快您的反思速度。在写作时，请您不必担心拼写和标点符号，写作过程会为您提供反思的时间和空间来思考领导力故事。或者，您也可以与另一位在职的或候选的领导者展开反思性对话。以下问题能为您的反思提供起点。

- 关键事件及影响因素对您发展为领导者的作用是什么？
- 关键事件及影响因素对您的领导力风格与实践的作用是什么？
- 哪些领导力理论或学者影响了您的领导力实践或身份？

☐ 本章小结

这一结束章节通过叙事性探索展现领导力经验，阐明并展示了有效和关怀的领导力实践。三位学前教育领导者分享了自传性反思的经验故事和领导力之旅，以及对自己的领导者身份、领导力风格与实践的理解。她们的故事体现了本书第二部分讨论的有效和关怀领导力实践模型，即定向领导力、协作领导力、赋权领导力和教学领导力的领导力主题与实践。在职的和候选的领导者也同样有机会通过自传性叙事和反思来展示并探索自己的领导力经验故事。

延伸阅读 📖

Aubrey, C. (2011) 'Journeys into leadership', in C. Aubrey, *Leading and Managing in the Early Years*. 2nd edn. London: Sage. pp. 78–88.

Court, D., Merva, L. and Oran, E. (2009) 'Prc-school teachers' narratives: a window on personal-professional history, values and beliefs', *International Journal of Early Years Education*, 17(3): 395–406.

Hallet, E. (2013) *The Reflective Early Years Practitioner.* London: Sage. pp. 125–52.

Hughes, G. (2009) 'Talking to oneself: using autobiographical internal dialogue to critique everyday and professional practice', *Reflective Practice*, 10(4): 451–63.

Sinclair, A. (2011) 'Being leaders: identities and identity work in leadership', in A. Bryman, D. Collinson, D. Grint, B. Jackson and M. Uhl-Bien（2011）, *The Sage Handbook of Leadership.* London: Sage. pp. 508–17.

参考文献

Abbott, L. and Nutbrown, C. (eds) (2001) *Experiencing Reggio Emilia: Implications for Pre-school Provision*. Buckingham: Open University Press.

Aguirre Jones, D. and Elders, L. (2009) '5 × 5 × 5 = creativity in practice', in S. Bancroft, M. Fawcett and P. Hay (eds), *Researching Children: Researching the World 5 × 5 × 5 = Creativity*. Stoke-on-Trent: Trentham Books. pp. 12–3.

Allen, G. (2011) *Early Intervention: The Next Steps.* (Allen Review.) London: Her Majesty's Government.

Anderson, M., Gronn, P., Ingvarson, L., Jackson, A., Kleinhenz, E., McKenzie, P., Mulford, B. and Thornton, N. (2007) 'Australia: country background report-OECD improving school leadership activity', report prepared for the Australian Government Department of Education, Science and Training, Australian Council for Educational Research (ACER), Melbourne, Australia.

Anning, A. and Edwards, A. (2003) 'The inquiring professional', in A. Anning and A. Edwards (eds), *Promoting Children's Learning from Birth to Five*. Buckingham: Open University Press. pp. 35–58.

Appleby, K. (2010) 'Reflective thinking: reflective practice', in M. Reed and N. Canning (eds), *Reflective Practice in the Early Years*. London: Sage. pp. 7–23.

Arvizu, S. (1996) 'Family, community, and school collaboration', in J. Sikula (ed.), *Handbook of Research on Teacher Education*. New York: Simon and Schuster Macmillan.

Ashrat-Pink, I. (2008) in Court, D., Merav, L. and Oran, E. (2009) 'Pre-school teachers' narratives: a window on personal-professional history, values and beliefs', *International Journal of Early Years Education*, 17(3): 211.

Aubrey, C. (2011) *Leading and Managing in the Early Years*. 2nd edn. London: Sage.

Baldock, P., Fitzgerald, D. and Kay, J. (2013) *Understanding Early Years Policy*. 3rd edn. London: Sage.

Ball, C. (1994) *Start Right: The Importance of Early Learning*. London: RSA.

Barnett, W.S. (2004) 'Better teachers, better preschools: student achievement linked to teacher qualifications', *Preschool Policy Matters*, issue 2. New Brunswick, NJ: NIEER.

Bass, B.N. (1985) *Leadership and Performance beyond Expectations*. New York: Free Press.

Baumfield, V.M. (2013) 'Pedagogy', in D. Wyse, V.M. Baumfield, D. Egan, C. Gallagher, L. Hayward, M. Hulme, R. Leitch, K. Livingston, I. Menter and B. Lingard (eds), *Creating the Curriculum*. London: Routledge. pp. 46–58.

Bennett, N., Wise, C., Woods, P. and Harvey, J. (2003) *Distributed Leadership: A Literature Review*. Nottingham: National College for School Leadership.

Bennis, W. and Nanus, B. (1997) *Leaders: Strategies for Taking Charge*. Cambridge, MA: Harvard Business Review Press.

Blackmore, J. (1999) *Troubling Women: Feminism, Leadership and Educational Change*. Buckingham: Open University Press.

Bloom, P.J. (1997) 'Navigating the rapids: directors reflect upon their careers and professional development', *Young Children*, 52(7): 32–8.

Bold, C. (2012) *Using Narrative in Research*. London: Sage.

Bolton, G. (2010) *Reflective Practice: Writing and Professional Development*. 3rd edn. London: Sage.

Bowlby, J. (1988) *A Secure Base: Clinical Applications of Attachement Theory*. Oxford: Routledge.

Bruce, T. (2006) *Early Childhood: A Guide for Students*. London: Sage.

Bubb, S. and Earley, P. (2007) *Leading and Managing Continuing Professional Development*. 2nd edn. London: Paul Chapman Publishing.

Bush, T. and Glover, D. (2003) *School Leadership: Concepts and Evidence. Summary Report*.

Nottingham: National College for School Leadership.

Bush, T. (2011) *Theories of Educational Leadership and Management.* 4th edn. London: Sage.

Bush, T., Bell, L. and Middlewood, D. (2010) *The Principles of Educational Leadership and Management.* London: Sage.

Cameron, C. (2001) 'Promise or problem? A review of the literature on men working in early childhood services', *Gender Work and Organisation*, 8(4): 430–53.

Chan, L.K.S. and Mellor, E.J. (eds) (2002) *International Developments in Early Childhood Services.* New York: Peter Lang.

Charmaz, K. (2005) 'Grounded theory in the 21st century', in N.K. Denzin and Y.S. Lincoln (eds), *Qualitative Research.* 3rd edn. London: Sage. pp. 507–35.

Children's Workforce Development Council (CWDC) (2006) *A Headstart for All: Early Years Professional Status: Candidate Information.* Leeds: CWDC.

Children's Workforce Development Council (CWDC) (2008) *Introduction and Information Guide: Early Years Professionals, Creating Brighter Futures.* Leeds: Children's Workforce Development Council.

Chrisholm, L. (2001) 'Gender and leadership in South African educational administration', *Gender and Education*, 13(4): 387–99.

Clough, P. and Corbett, J. (2000) *Theories of Inclusive Education.* London: Paul Chapman.

Coleman, M. (2008) 'Annotated bibliography: support and development of women leaders at work'. London: Work-based Learning Centre, Institute of Education, University of London.

Coleman, M. (2011) *Women at the Top: Challenges, Choice and Change.* Basingstoke: Palgrave Macmillan.

Colley, H. (2006) 'Learning to labour with feeling: class, gender and emotion in childcare education and training', *Contemporary Issues in Early Childhood*, 7(1): 15–29.

Colloby, J. (2009) *The Validation Process for EYPS.* 2nd edn. Exeter: Learning Matters.

Colmer, K. (2008) 'Leading a learning organisation: Australian early years centres as learning networks', *European Early Childhood Education Research Journal*, 16(1): 107–15.

Costley, C. and Armsby, P. (2007) 'Work-based learning assessed as a mode of study',

Assessment and Evaluation in Higher Education, 32(1): 21–33.

Cottle, M. and Alexander, E. (2012) 'Quality in early years settings: government, research and practitioners' perspectives', *British Educational Research Journal*, 38(4): 635–54.

Court, D., Merva, L. and Oran, E. (2009) 'Pre-school teachers' narratives: a window on personal-professional history, values and beliefs', *International Journal of Early Years Education*, 17(3).

Cushman, P. (2005) 'It's just not a real bloke's job: male teachers in the primary school', *Asia-Pacific Journal of Teacher Education*, 33(3): 321–38.

Dalli, C. (2008) 'Pedagogy, knowledge and collaboration: towards a ground-up perspective on professionalism', *European Early Childhood Research Journal, Special Issue: Professionalism in Early Childhood Education and Care*, 16(2): 171–85.

Davis, J. M. and Smith, M. (2012) *Working in Multi-professional Contexts.* London: Sage.

De Graf, S., Bosman, A., Hasselman, F. and Verhoevan, L. (2009) 'Benefits of systematic phonics instruction', *Scientific Studies of Reading*, 13(4): 318–33.

Den Hartog, D.N., House, R.J., Hanges, P.J. and Ruiz-Quintanilla, S.A. (1999) 'Culture specific and cross culturally generalizable implicit leadership theories: are attributes of charismatic/transformational leadership universally endorsed?', *The Leadership Quarterly*, 10(2): 219–56.

Department for Children, Schools and Families (DCSF) (2006) *The Independent Review of the Teaching of Early Reading.* (Rose Report.) Nottingham: DCSF.

Department for Children, Schools and Families (DCSF) (2007) *National Standards for Leaders of SureStart Children's Centres.* Nottingham: DCSF.

Department for Children, Schools and Families (DCSF) (2008a) *2020 Children and Young People's Workforce Strategy.* London: DCSF.

Department for Children, Schools and Families (DCSF) (2008b) *Statutory Framework for the Early Years Foundation Stage.* Nottingham: DCSF.

Department for Education (DfE) (2011) *Evaluation of the Graduate Leader Fund: Final Report.* DFE-RR144. London: DfE.

Department for Education (DfE) (2012) *Foundations for Quality: The Independent Review of Early Education and Childcare Qualifications: Final Report.* (Nutbrown Review). Available at www.education.gov.uk. (accessed September 2012).

Department for Education (DfE) (2013) *More Great Childcare.* (Truss Report). London: DfE.

Department for Education and Science (DES) (1990) *Starting With Quality: The Rumbold Report.* London: Her Majesty's Stationery Office.

Department for Education and Skills (DfES) (2004a) 'Statisitics of education: school workforce in England', available at: www.dfes.gov.uk. (accessed 2004).

Department for Education and Skills (DfES) (2004b) *Every Child Matters: Change for Children.* DfES 1081/2004. London: DfES Publications.

Department for Education and Skills (DfES) (2005a) *Children's Workforce Strategy.* Nottingham: DfES Publications.

Department for Education and Skills (DfES) (2005b) 'Championing children: a shared set of skills, knowledge and behaviours for managers of integrated children's service', draft paper. Nottingham: DfES Publications.

Department for Education and Skills (DfES) (2005c) *Common Core of Skills for the Children's Workforce.* Nottingham: DfES Publications.

Desforges, C. and Abouchaar, A. (2003) *The Impact of Parental Involvement, Parental Support and Family Education on Pupil Achievements and Adjustments: A Literature Review.* London: DfES.

Diaz-Saenz, H.R. (2011) 'Transformational leadership', in A. Bryman, D. Collinson, D. Grint, B. Jackson and M. Uhl-Bien (eds), *The Sage Handbook of Leadership.* London: Sage. pp. 299–337.

Draper, L. and Duffy, B. (2010) 'Working with parents', in C. Cable, L. Miller and G. Goodliff (eds), *Working with Children in the Early Years.* 2nd edn. London: Paul Chapman. pp. 268–79.

Duffy, B. and Marshall, J. (2007) 'Leadership in multi-agency work', in I. Siraj-Blatchford, K. Clarke and M. Needham (eds), *The Team Around the Child: Multiagency Working in the Early Years.* Stoke-on-Trent: Trentham Books. pp. 105–20.

Dufour, R. (2004) 'Cultural shift docsn't occur overnight – or without conflict', *National*

Staff Development Council, 25(4).

Duhn, I. (2011) 'Towards professionalism/s', in L. Miller and C. Cable (eds), *Professionalisation, Leadership and Management in the Early Years.* London: Sage. pp. 133–46.

Elfer, P. (2012) 'Emotion in nursery work: work discussion as a model of critical professional reflection', *Early Years: An International Journal of Research and Development*, 32(2): 129–41.

Ellsworth, A. (2005) *Places of Learning: Media, Architecture, Pedagogy.* New York: RoutledgeFalmer.

Epstein, J. (1986) 'Parents' reactions to teacher practices of parent involvement', *Elementary School Journal*, 86: 278–94.

Fairhurst, G.T. (2011) 'Discursive approaches to leadership', in A. Bryman, D. Collinson, K. Grint, B. Jackson and M. Uhl-Bien (eds), *The Sage Handbook of Leadership.* London: Sage. pp. 495–507.

Fitzgerald, T. and Gunter, H. (2008) 'Contesting the orthodoxy of teacher leadership', *International Journal of School Leadership*, 11(4): 331–40.

Field, F. (2010) *The Foundation Years: Preventing Poor Children Becoming Poor Adults.* London: Her Majesty's Government.

Foot, H., Howe, C., Cheyne, B., Terras, B. and Rattray, C. (2002) 'Parental participation and partnership in pre-school provision', *International Journal of Early Years Education*, 10(1): 5–19.

Friedman, R. (2007) 'Professionalism in the early years', in M. Wild and H. Mitchell (eds), *Early Childhood Studies: A Reflective Reader.* Exeter: Learning Matters. pp. 124–9.

Garrick, R. and Morgan, A. (2009) 'The children's centre teacher role: developing practice in the private, voluntary and independent sector', *Early Years: An International Journal of Research and Development*, 29(1): 69–81.

Geertz, C. (1973) 'Thick description: towards an interpretive theory of culture', in C.Geertz, *The Interpretation of Cultures.* New York: Falmer.

Gilligan, C. (1982) *In a Different Voice.* Cambridge, MA: Harvard University Press.

Gold, A., Evans, J., Earley, P., Halpin, D. and Collarbone, P. (2002) 'Principled principals? Values-driven leadership: evidence from ten case studies of "outstanding" school leaders', paper presented at the Annual Meeting of the American Educational Research association, New Orleans,

USA, April.

Goleman, D. (1996) *Emotional Intelligence: Why It Can Matter More than IQ*. London: Bloomsbury Paperbacks.

Goleman, D. (2002) *The New Leaders*. London: Time Warner.

Greenfield, S. (2011) 'Working in multi-disciplinary teams', in L. Miller and C. Cable (eds), *Professionalization, Leadership and Management in the Early Years*. London: Sage. pp. 77–90.

Greenleaf, R.K. (2003) *The Servant-Leader within a Transformational Path*. New York: Pailist Press.

Gronn, P. (2002) 'Distributed leadership', in K. Leithwood, P. Hallinger, K. Seashore-Louis, G. Furman-Brown, P. Gronn, W. Mulford and K. Riley (eds), *Second International Handbook of Educational Leadership and Administration*. Dordrecht: Kluwer. pp. 614–53.

Groundwater-Smith, S. and Sachs. J. (2002) 'The activist professional and the reinstatement of trust', *Cambridge Journal of Education*, 32(3): 341–58.

Guile, D. and Lucas, N. (1999) 'Rethinking initial teacher education and professional development in further education: towards the learning professional', in A. Green and N. Lucas (eds), *Further Education and Lifelong Learning: Realigning the Sector for the Twenty-first Century*. London: Bedford Way Papers, Institute of Education.

Hadfield, M., Jopling, M., Waller, T. and Emira, M. (2011) 'Longitudinal study of early years professional status: interim report 14 March 2011', University of Wolverhampton.

Hallet, E. (2013) *The Reflective Early Years Practitioner*. London: Sage.

Hallet, E. (2014) *Leadership of Learning in Early Years Practice*. London: Institute of Education Press.

Hallet, E. and Roberts-Holmes, G. (2010) *Research into the Contribution of the Early Years Professional Status Role to Quality Improvement Strategies in Gloucestershire: Final Report*. London: Institute of Education, University of London.

Handy, C. (1990) *Inside Organisations*. London: BBC Books.

Harpley, A. and Roberts, A. (2006) *You Can Survive Your Early Years OFSTED Inspection*. Leamington Spa: Scholastic.

Harris, A. (2002) 'Distributed leadership in schools: leading or misleading', keynote paper,

Belmas Conference.

Hatcher, R. (2005) 'The distribution of leadership and power in schools', *British Journal of Sociology of Education*, 26(2): 253–67.

Hayden, J. (1997) 'Directors of early childhood services: experiences, preparedness and selection', *Australian Research in Early Childhood*, 1(1): 49–67.

Hopkins, D. (2005) 'System leadership', seminar presentation to the London Centre for Leadership in Learning, Institute of Education, University of London, 12 December.

Hughes, G. (2009) 'Talking to oneself: using autobiographical internal dialogue to critique everyday and professional practice', *Reflective Practice*, 10(4): 451–63.

Jackson, D. (2003) 'Foreword', in A. Harris and L. Lambert, *Building Leadership Capacity for School Improvement*. Maidenhead: Open University Press. pp. x–xxiii.

Jones, C. and Pound, L. (2008) *Leadership and Management in the Early Years*. Maidenhead: Open University Press.

Jonsdottir, A.H. and Hard, L. (2009) 'Leadership in early childhood in Iceland and Australia: diversities in culture yet similarities in challenges', paper presented at European Early Childhood Education Research Association (EECERA) conference, Stravanger, Norway, September.

Jung, D., Yammarino, F.J. and Lee, J. K. (2009) 'Moderating role of subordinates' attitudes on transformational leadership and effectiveness: a multi-cultural perspective', *Leadership Quarterly*, 20(4): 586–603.

Kagan, S.L. and Hallmark, L.G. (2001) 'Cultivating leadership in early care and education', *Childcare Information Exchange*, 140: 7–10.

Kavanagh, M.H. and Ashkanasy, N.M. (2006) 'The impact of leadership and change management strategy on organizational culture and individual acceptance during a merger', *British Journal of Management*, 17: 81–103.

Knowles, G. (2009) *Ensuring Every Child Matters*. London: Sage.

Kouzes, J.M. and Posner, B.Z. (2007) *The Leadership Challenge*. 4th edn. San Francisco, CA: Jossey-Bass.

Leithwood, K. and Levin, B. (2005) 'Assessing school leader and leadership programme effects on pupil learning: conceptual and methodological problems', research report RR662.

Nottingham: DfES.

Leithwood, K. and Riehl, C. (2003) 'What do we already know about successful school leadership', AREA division: a task force on developing research in educational leadership, accessed at: http://www.cepa.gse.rutgers.edu/whatweknow. pdf, accessed 2007.

Lingard, B., Hayes, D., Mills, M. and Christie, P. (2003) *Leading Learning: Making Hope Practical in Schools.* Maidenhead: Open University Press.

Lloyd, E. and Hallet, E. (2010) 'Professionalizing the early childhood workforce in England: work in progress or missed opportunity?', *Contemporary Issues in Early Childhood*, 11(1): 75–87.

Lord, P., Sharpe, C., Jeffes, J. and Grayson, H. (2011) 'Review of the literature on effective leadership in children's centres and foundation years' system leadership. Report for the National College for School Leadership', unpublished report, National Foundation for Educational Research, Slough.

Lumby, J. and Coleman, M. (2007) *Leadership and Diversity: Challenging Theory and Practice in Education.* London: Sage.

Luthans, F. and Avolio, B. (2003) 'Authentic leadership development', in K.S. Cameron, J.E. Dutton and R.E. Quinn (eds), *Positive Organisational Scholarship.* San Francisco, CA: Berrett-Koehler, pp. 241–3.

MacBeath, J. (2003) 'The alphabet soup of leadership', in *Inform No. 2.* Cambridge: University of Cambridge Faculty of Education. pp. 1–7.

MacLeod-Brudenell, I. (2008) 'Trends and traditions in early years education and care', in I. MacLeod-Brudenell and J. Kay (eds), *Advanced Early Years.* 2nd edn. London: Pearson. pp. 15–40.

MacNeill, N., Cavanagh, R., Dellar, G. and Silcox, S. (2004) 'The principalship and pedagogic leadership', paper presented at the American Educational Research Association Annual Meeting, San Diego.

Manning-Morton, J. (2006) 'The personal is professional: professionalism and the birth to threes practitioner', *Contemporary Issues in Early Childhood*, 7(1): 42–52.

Marmot, M. (2010) 'Marmot Review report-fair society, healthy lives', available at: www.

idea.gov.uk, accessed 27 September 2011.

Mason, J. (1994) *Researching From the Inside in Mathematical Education: Locating an I-You Relationship*. Centre for Mathematics Education. Milton Keynes: Open University.

Mazutis, D. and Slawinski, N. (2008). 'Leading organizational learning through authentic dialogue', *Management Learning*, 39(4): 437–56.

McCall, C. and Lawlor, H. (2000) *School Leadership: Leadership Examined.* London: The Stationery Office.

McDowall Clark, R. (2010) 'I never thought of myself as a leader ... reconceptualising leadership with EYPS', conference paper 20th EECERA Conference, Birmingham, 6–8 September.

McDowall Clark, R. (2012) ' "I've never thought of myself as a leader but ..." : the early years professional and catalytic leadership', *European Early Childhood Education Research Journal*, 20(3): 391–401.

McDowall Clark, R. and Murray, J. (2012) *Reconceptualizing Leadership in the Early Years.* Maidenhead: Open University Press.

McMillan, D.J. (2009) 'Preparing for educare: student perspectives on early years training in Northern Ireland', *International Journal of Early Years Education*, 17(3): 219–35.

Miller, K. (2006) 'Introduction: women in leadership and management: progress thus far?', in D. McTavish and K. Miller (eds), *Women in Leadership and Management*. Cheltenham: Edward Elgar.

Miller, L. and Cable, C. (2008) *Professionalism in the Early Years*. Abingdon: Hodder Education.

Moon, J. (1999) *Reflection in Learning and Professional Development*. London: RoutledgeFalmer Press.

Moos, L., Krejsler, J. and Kofod, K.K. (2008) 'Successful principals: telling or selling? On the importance of context for school leadership', *International Journal of School Leadership*, 11(4): 341–52.

Moyles, J. (2001) 'Passion, paradox and professionalism in early years education', *Early Years*, 21(2): 81–95.

Moyles, J. (2006) *Effective Leadership and Management in the Early Years.* Maidenhead: Open University Press.

Muijs, D. and Harris, A. (2003) 'Teacher leadership-improvement through empowerment?', *Educational Management and Administration*, 31(4): 437–48.

Muijs, D., Aubrey, C., Harris, A. and Biggs, M. (2004) 'How do they manage? A review on leadership in early childhood', *Journal of Early Childhood Research*, 2(2): 157–69.

Munro, E. (2010) *Munro Review of Child Protection: DFE 00548–2010.* London: Department for Education.

National College for School Leadership (NCSL) (2004) 'Pioneering qualification supports joined-up children's services', NCSL press release, 24 May, available at: www.ncsl.org.uk/ aboutus/pressrelease/college-pr-24052004.cfm, accessed 2011.

National College for School Leadership (NCSL) (2008) *Realising Leadership: Children's Centre Leaders in Action. The Impact of National Professional Qualification in Integrated Centre Leadership (NPQICL) on Children's Centre Leaders and their Practice.* Nottingham: NCSL.

National College for School and Children's Services Leaders (NC) (2010) *National Professional Qualification in Integrated Centre Leadership (NPQICL) Programme.* Nottingham: NC.

National College for School and Children's Services Leaders (NC) (2012) 'Presentation policy update', NPQICL Providers Meeting, 25 October, National College, Nottingham.

Neugebauer, B. and Neugebauer, R. (eds) (1998) *The Art of Leadership: Managing Early Childhood Organisations.* Vol. 2. Perth: Child Care Information Exchange.

Nutbrown, C. (2011) 'Nutbrown Review: mapping the early education and childcare workforce-a background paper', November, Department for Education.

Nutbrown, C. (2012) *Foundations for Quality: The Independent Review of Early Education and Childcare Qualifications. Final Report.* June. London: DfE.

Nutbrown, C. (2013) *Shaking the Foundations of Quality? Why 'Childcare' Policy Must Not Lead to Poor-quality Early Education and Care (March 2013).* Sheffield: University of Sheffield.

Nutbrown, C., Hannon, P. and Morgan, A. (2005) *Early Literacy Work with Families: Policy, Practice and Research.* London: Sage.

Oberhuemer, P. (2005) 'Conceptualising the early childhood pedagogue: policy approaches and issues of professionalism', *European Early Childhood Education Research Journal*, 9: 57–72.

Oberhuemer, P., Schreyer, I. and Neuman, M.J. (2010) *Professionals in Early Childhood Education and Care Systems: European Profiles and Perspectives.* Opladen and Farmington Hills, MI: Barbara Budrich.

Office for Standards in Education (Ofsted) (2003) *Leadership and Management: What Inspection Tells Us.* HMI 1646. London: The Stationery Office.

Office for Standards in Education (Ofsted) (2012) *The Framework for Schools Inspection.* London: The Stationery Office.

Osgood, J. (2004) 'Time to get down to business? The responses of early years practitioners to entrepreneurial approaches to professionalism', *Journal of Early Childhood Research,* 2(1): 5–24.

Osgood, J. (2006) 'Professionalism and performativity: the feminist challenge facing early years practitioners', *Early Years: An International Journal of Research and Development*, 26(2): 187–99.

Osgood, J. (2011) 'Contested constructions of professionalism within the nursery', in L. Miller and C. Cable (eds), *Professionalisation, Leadership and Management in the Early Years.* London: Sage. pp.107–28.

Paige-Smith, A. and Craft, A. (2011) *Developing Reflective Practice in the Early Years.* 2nd edn. Maidenhead: Open University Press.

Parry, K.W. (2011) 'Leadership and organisation theory', in A. Bryman, D. Collinson, D. Grint, B. Jackson and M. Uhl-Bien (eds), *The Sage Handbook of Leadership.* London: Sage. pp. 54–70.

Pen Green (2012) *Early Years Teaching Centre Progress Report 2012.* Corby: Pen Green Research, Development and Training Base and Leadership Centre.

Petrie, P., Boddy, J., Cameron, C., Heptinstall, E., McQuail, S., Wigfall, S. and Wigfall, V. (2012) 'Pedagogy: a holistic, personal approach to work with children and young people across services', in L. Miller, R. Drury and C. Cable (eds), *Extending Professional Practice in the Early Years.* London: Sage. pp. 221–38.

Podsakoff, P.M., Mackenzie, S.B., Moorman, R.H. and Fetter, R. (1990) 'Transformational leader behaviours and their effects on followers' trust in leader, satisfaction, and organizational citizenship behaviours', *The Leadership Quarterly*, 1(2): 107–42.

Pugh, G. (2006) 'The policy agenda for early childhood services', in G. Pugh and B. Duffy (eds), *Contemporary Issues in the Early Years*. 4th edn. London: Sage. pp. 7–19.

Pugh, G. and Duffy, D. (eds) (2010) *Contemporary Issues in the Early Years*. 5th edn. London: Sage.

Raelin, J. (2003) *Creating Leadersful Organisations*. San Francisco, CA, and London: Sage.

Reardon, D. (2009) *Achieving Early Years Professional Status*. London: Sage.

Reed, M. (2010) 'Children's centre and children's services?', in M. Reed and N. Canning (eds), *Reflective Practice in the Early Years*. London: Sage. pp. 99–112.

Reed, M. and Canning, N. (2012) *Implementing Quality Improvement and Change in the Early Years*. London: Sage.

Rodd, J. (2013) *Leadership in Early Childhood: The Pathway to Professionalism*. 4rd edn. Maidenhead: Open University Press.

Rogers, C. (1961) *On Becoming a Person*. Boston, MA: Houghton Mifflin.

Rose, J. and Rogers, S. (2012) *The Role of the Adult in Early Years Settings*. Maidenhead: Open University Press.

Ruch, G. (2003) *Reflective Practice in Contemporary Childcare Social Work*, www.hants. gov.uk, (accessed 2003) in R. Parker-Rees, C. Leeson, J. Willan and J. Savage (eds) (2010) *Early Childhood Studies*. 3rd edn. Exeter: Learning Matters.

Runte, M. and Milles, A.J. (2006) 'Cold war, chilly climate: exploring the roots of gendered discourse in organizational management theory', *Human Relations*, 1(5): 695–720.

Sammons, P., Hillman, J. and Mortimore, P. (1999) *Key Characteristics of Effective Schools: A Review of School Effectiveness Research*. London: Institute of Education.

Schon, D.A. (1983) *The Reflective Practitioner: How Professionals Think in Action*. New York: Basic Books.

Shakeshaft, C. (1987) *Women in Educational Administration*. Newbury Park, CA: Sage.

Sinclair, A. (2011) 'Being leaders: identities and identity work in leadership', in A. Bryman,

D. Collinson, D. Grint, B. Jackson and M. Uhl-Bien (2011) *The Sage Handbook of Leadership*. London: Sage. pp. 508–17.

Siraj-Blatchford, I. (2009) 'Early childhood education (ECE)', in T. Maynard and N. Thomas (eds), *An Introduction to Early Childhood Studies*. 2nd edn. London: Sage. pp. 148–60.

Siraj-Blatchford, I. and Hallet, E. (2012) 'Draft national standards for leadership of SureStart children's centre services: for consultation', unpublished, National College and the Institute of Education, Nottingham and University of London.

Siraj-Blatchford, I. and Manni, L. (2007) *Effective Leadership in the Early Years Sector (The ELEYS Study)*. London: Institute of Education.

Siraj-Blatchford, I. and Wah Sum, C. (unpublished, 2013) *Understanding and Advancing Systems Leadership in the Early Years*. Nottingham: National College Teaching Agency.

Siraj-Blatchford, I., Clarke, K. and Needham, M. (eds) (2007) *The Team around the Child*. Stoke-on-Trent: Trentham Books.

Siraj-Blatchford, I., Sylva, K., Muttock, S., Gilden, R. and Bell, D. (2002) *Researching Effective Pedagogy in the Early Years (REPEY)*. Report for DfES. London: HMSO.

Southworth, G. (2004) *Primary School Leadership in Context: Leading Small, Medium and Large Sized Schools*. London: RoutledgeFalmer.

Spillane, J., Halverson, R. and Diamond, J. (2004) 'Towards a theory of leadership practice: a distributed perspective', *Journal of Curriculum Studies*, 36(1): 3–34.

Starratt, R.J. (2003) *Centering Educational Administration: Cultivating Meaning, Community, Responsibility*. Mahwah, NJ: Lawrence Erlbaum Associates.

Stoll, L. (2013) 'Leading professional learning communities', in C. Wise, P. Bradshaw and M. Cartwright (eds), *Leading Professional Practice in Education*. London: Sage. pp. 225–39.

Sylva, K., Melhuish, E., Sammons, P., Siraj-Blatchford, I. and Taggart B. (2004) *The Effective Provision of Pre-School Education (EPPE) Project: Final Report*. London: DfES/Institute of Education, University of London.

Sylva, K., Melhuish, E., Sammons, P., Siraj-Blatchford, I. and Taggart, B. (2010) *Early Childhood Matters*. Abingdon: Routledge.

Taggart, G. (2011) 'Don't we care? The ethics and emotional labour of early years professionalism', *Early Years: An International Journal of Research and Development*, 31(1): 85–95.

Tarrant, J. (2000) 'Preparing for educare: student perspectives on early years training in Northern Ireland', *International Journal of Early Years Education*, 17(3): 222.

Teaching Development Agency (TDA) (2008) 'Introduction', in P. Earley and V. Porritt (eds), *Effective Practices in Continuing Professional Development*. London: Institute of Education, University of London. pp. 2–17.

Tickell, C. (2011) *The Early Years: Foundations for Life, Health and Learning*. (Tickell Review.) London: Her Majesty's Government.

Van Knippenberg, D. and Hogg, M.A. (2003) 'A social identity model of leadership effectiveness in organizations', in B. Staw and R.M. Kramer (eds), *Research in Organisational Behaviour*. Greenwich, CT: JAI Press. pp. 245–97.

Vincent, C. (2012) *Parenting: Responsibilities, Risks and Respect: An Inaugural Professional Lecture*. Professorial Lecture Series. London: Institute of Education, University of London.

Vincent, C. and Braun, A. (2010) ' "And hairdressers are quite seedy ..." the moral worth of childcare training', *Contemporary Issues in Early Childhood*, 11(2): 203–14.

Wallace, M. (2001) 'Sharing leadership of schools through teamwork: a justifiable risk?', *Educational Management and Administration*, 29(2): 153–67.

Weber, M. (1968) 'Economy and society: an outline of interpretative society', in A. Marturano and J. Gosling (eds) (2008) *Leadership: the Key Concepts*. London: Routledge.

Wenger, E. (1998) *Communities of Practice, Learning, Meaning, Identity*. New York: Cambridge University Press.

Weyer, B. (2007) 'Twenty years later: explaining the persistence of the glass ceiling for women leaders', *Women and Management Review*, 2(6): 482–96.

Whalley, M. (2005) 'Developing leadership approaches for early years settings: leading together', PowerPoint presentation available at: www.ncsl.org.uk. accessed 2005.

Whalley, M. and Pen Green Team (2008) *Involving Parents in their Children's Learning*. 2nd edn. London: Paul Chapman Publishing.

Whalley, M.E. (2011a) *Leading Practice in Early Years Settings*. 2nd edn. Exeter: Learning

Matters.

Whalley, M.E. (2011b) 'Leading and managing in the early years', in L. Miller and C. Cable (eds), *Professionalization, Leadership and Management in the Early Years.* London: Sage. pp. 13–28.

Wigfall, V. and Moss, P. (2001) *More than the Sum of Its Parts? A Study of a Multi-agency Child Care Network.* London: Cassell.

Wolfendale, S. (1992) *Empowering Parents and Teachers Working for Children.* London: Cassell.

Woodrow, C. and Busch, G. (2008) 'Repositioning early childhood leadership in action and activism', *European Early Childhood Education Research Journal*, 16(1): 83–93.

Woods, P.A., Bennett, N., Harvey, J.A. and Wise, C. (2005) 'Variabilities and dualities in distributed leadership: findings from a systematic literature review', *Educational Management and Administration and Leadership*, 32(4): 439–57.

Yin, R.K. (2003) *Case Study Research: Design and Methods.* London: Sage.

Yukl, G.A. (1999) 'An evaluation of conceptual weaknesses in transformational and charismatic leadership theories', *The Leadership Quarterly*, 10(2): 285–305.

Yukl, G.A. (2002) *Leadership in Organisations.* 5th edn. Upper Saddle River, NJ: Prentice Hall.

关键术语中英文对照表 ^①

A	
accountability, educational	教育问责制
action research	行动研究
administrative leadership	行政领导力
advocacy leadership	倡导领导力
appraisal, staff	工作人员评估
authenticity	真实性
autobiographical self–reflection	自传性自我反思
B	
Barcelona Objectives (2002)	《巴塞罗那目标》（2002）
bottom–up approach	"自下而上"的方法
C	
capabilities	能力
building capability	培养能力
career progression, barriers for women	女性职业发展的障碍
caring leadership, early years context	学前教育情境下的关怀领导力
case studies	案例研究
collaborative leadership	协作领导力
collaborative school policy	协作性学校政策
cultivating leadership	培养领导力

---

① 本部分内容为译者所加。——编辑注

续表

续表

Children's and Young People's Workforce Strategy	《儿童与青少年工作者战略》
children's centres	儿童中心
pre-schools; SureStart children's centres	学前学校；确保开端儿童中心
Children's Workforce Development Council (CWDC)	儿童工作者发展委员会（CWDC）
Children's Workforce Strategy (DfES，2005)	儿童工作人员战略（DfES，2005）
Chinese school system	中国的学校系统
collaborative leadership	协作领导力
collaborative relationships, team culture of	协作关系的团队文化
collaborative school policy	协作性学校政策
facilitating development of collaboration culture	促进协作文化的发展
leading and working in teams	团队领导与协作
parental collaboration, promoting	促进家长协作
reflective dialogue	反思性对话
team culture, promoting *see* teamwork/team culture	促进团队文化 参见 团队协作 / 团队文化
Common Core of Skills and Knowledge for the Children's Workforce (CCSK)	《儿童教育工作者的通用核心技能和知识》（CCSK）
communication, effective	有效沟通
active listening	积极倾听
barriers to communication, overcoming	克服沟通障碍
communicating and connecting with others	与他人沟通并建立联系
within directional leadership	定向领导力中的有效沟通
emotional intelligence	情绪智力
knowledge	知识
reciprocal communication	互惠性沟通
response styles	回应方式
skills	技能
communities of practice, learning	实践的学习共同体（学习实践共同体）
community leadership	社区领导力
conceptual leadership	概念领导力

续表

context, importance	环境的重要性
context–specific knowledge	相关的情境性知识
Continuing Professional Development (CPD)	持续性专业发展
creative intelligence	创造性智力
crèches	母育学校（法语）
critical thinking	批判性思维
cultivating leadership	培养领导力
Curriculum Guidance for the Foundation Stage(CGFS)	《基础阶段课程指南》（CGFS）
D	
day care	日托
Department for Children, Schools and Families(DCSF)	儿童、学校和家庭事务部
Department for Education (DfE)	教育部
development plan	发展计划
dialogue	对话
directional clarity	定向清晰度
directional leadership	定向领导力
effective communication within	定向领导力中的有效沟通
provision of direction as overarching function of leadership	指引方向是领导力的两项主要职能之一
shared vision, developing	发展共同愿景
stakeholders	利益相关者
vision within	定向领导力中愿景的发展和表达
distinctive leadership, early years context	学前教育情境下的独特领导力
distributed leadership	分布式领导力
in integrated practice	综合性实践中的分布式领导力
and shared leadership	共享式领导力
E	
early childhood job titles	学前教育的岗位名称
early years context	学前教育情境

续表

caring leadership	关怀领导力
distinctive leadership	独特领导力
distributed and shared leadership	分布式和共享式领导力
evolving leadership landscape	正在演变的领导力格局
inclusive leadership	包容式领导力
leadership and management	领导和管理
leadership development in early years	学前教育领导力的发展
seven dimensions of practitioner's role within	学前教育领域从业人员工作角色的七个维度
workforce demographics	劳动力的人口学特征
Early Years Foundation Stage (EYFS)	学前教育基础阶段（EYFS）
curriculum	课程
Curriculum Guidance for the Foundation Stage (CGFS)	《基础阶段课程指南》（CGFS）
Early Years Professional Status (EYPS)	学前教育专业资质（EYPS）
Early Years Professionals (EYPs)	学前教育专业人员（EYPs）
graduate Early Years Leaders (EYPs/EYTs)	学前教育领导者
Early Years Teachers (EYTs)	学前教师（EYTs）
Early Years Teaching Centre (EYTC)	学前教学中心（EYTC）
educare concept	保教概念
Effective Leadership and Management Scheme for the Early Years (ELMS-EY)	学前教育中的有效领导力与管理评估工具（ELMS-EY）
Effective Leadership in the Early Years Sector (ELEYS study)	学前教育中的有效领导力研究（ELEYS）
focus group	焦点小组
listening skills	倾听技能
reflective learning and practice	反思性学习与实践
Effective Provision of Pre-school Education (EPPE)	有效学前教育（EPPE）
project	项目
research	研究
ELEYs study *see* Effective Leadership in the Early Years Sector (ELEYS study)	学前教育中的有效领导力研究（ELEYS）

续表

emotional intelligence	情绪智力
empowering leadership	赋权领导力
building leadership capability	培养领导能力
change process	变革过程
distributed leadership *see* distributed leadership	分布式领导力
influencing leadership	影响式领导力
transformational leadership	变革式领导力
EPPE *see* Effective Provision of Pre–school Education (EPPE) project	有效学前教育（EPPE）
Europe, pedagogical leadership in，110	在欧洲的教学领导力
Every Child Matters：Change for Children (DfES, 2004)	《每个儿童都重要：为儿童而改变》（DfES，2004）
experience, stories of	经验故事
expertise, leadership according to	根据专业知识的领导力
EYFS *see* Early Years Foundation Stage (EYFS)	学前教育基础阶段（EYFS）
F	
feedback, giving	反馈意见
focus group, ELEYS study	"学前教育中的有效领导力研究"中的焦点小组
forming, team formation	形成阶段，构筑（组建）团队
Foundation Years	基础阶段
Foundations for Quality report	《基础阶段质量报告》
G	
gender, influence upon inclusive leadership	性别对包容式领导力的影响
graduate early years leaders (EYPs/EYTs)	有大学学历的学前教育领导者（EYPs/EYTs）
graduate leadership programmes	研究生领导力项目
graduate pedagogical leadership, developing	发展研究生的教学领导力
grounded research	扎根研究
group goals, fostering acceptance of	促进团队认可目标

续表

H	
Head Start programmes, USA	美国"开端计划"
high performance expectations	高表现的期望
home and early years settings	家庭和学前教育机构
home–school initiatives	家庭—学校倡议
human capital	人力资本
I	
idealized influence, transformational leadership	变革式领导力的四种领导力行为之一：理想化影响
identity, leadership	领导者身份
improvement plan	改进计划
inclusive leadership	包容式领导力
early years context	学前教育情境
influence of gender upon	性别对（包容式领导力）的影响
individualized consideration	个性化关怀
influencing leadership	影响式领导力
inspirational motivation, transformational leadership	变革式领导力的四种领导行为之一：鼓舞性激励
integrated practice, distributed leadership in	综合性实践中的分布式领导力
intellectual capital	智力资本
intellectual stimulation	智力性刺激
International Successful School Principalship Project (ISSPP)	国际成功校长项目（ISSPP）
J	
job titles, early childhood	学前教育的岗位名称
journaling, reflective	反思性之旅
K	
Key Stage 1	关键阶段 1
L	
language development	语言的发展
lead learners	引领学习者

续表

leaders, qualities of	领导者的品质
Leadership	领导力
leadership style	领导力风格
administrative	行政的领导力
advocacy	倡导
assumptions of masculinity	男性化假设
authentic	真实的
capabilities, effective	有效的（领导能力）
caring	关怀
catalytic and system	催化式和系统式领导力
categories of effective leadership practices	有效领导力实践的类型
collaborative *see* collaborative leadership	协作领导力
community	社区，共同体
concept	概念
conceptual	概念的
cultivating	培养
defined	被定义
development, in early years	学前教育的发展
directional *see* directional leadership	定向的，参见"定向领导力"
distinctive	独特的
distributed/distributed and shared	分布和共享式
emotional intelligence within	领导力中的情绪智力
empowering	赋权
experience, stories of	经验故事
inclusive	包容的
influencing	影响
'leadership within'	学前教育中的领导力
for learning, requirements	学习领导力的要求
and management	领导与管理
as management of meaning	作为意义管理的领导力

pedagogical *see* pedagogical leadership	"教学的"参见"教学领导力"
transformational	变革型的
women, as leaders	女性领导者
leadership identity	领导者身份
Leadership of Learning in Early Years Practice (LLEaP project)	学前教育实践中的学习领导力研究（LLEaP）
'best leadership practice', identifying	明确"最佳领导力实践"
case studies	案例研究
change, engaging with	参与变革
influencing leadership	影响式领导力
leading learning	引领学习
passion, importance of	热情的重要性
phases of study	研究阶段
teamwork and collaboration	协作与团队合作
leadership stories	领导力故事
leadership experience	领导力经验
reflective storying	反思性故事
leadership theories, absence of gender in	领导力理论中的性别研究空缺
'leadership–in action'	行动中的领导力
learning	学习
authentic	真实学习
communities of practice	实践共同体
leadership for	学习领导力
leading learning	引领学习
reflective	反思的
life–histories, reflecting upon	反思生活历程
listening skills	倾听能力
literacy development	读写发展
lived experiences	真实经历
LLEaP project *see* Leadership of Learning in Early Years Practice (LLEaP project)	学前教育实践中的学习领导力研究（LLEaP）

longitudinal research	纵向研究
M	
management, and leadership	领导与管理
directional leadership	定向领导力
pedagogical leadership	教学领导力
masculinity, assumptions of	男性化假设
master director/leader	领导者
'maternal feminism'	母性女权主义
meaning, leadership as management of	作为意义管理的领导力
mentoring	指导
monitoring of practice	监督实践
More Great Childcare (Truss Report, DfE, 2013)	更优质的幼儿保育（特拉斯报告，DfE，2013）
motivation, inspirational	鼓舞性激励
multi-agency teams	多机构团队
N	
narratives, personal	个人叙述
National College for School and Children's Services Leaders (NC)	国家为学校和儿童服务的领导者学院（NC）
National College for Teaching and Leadership (formerly the National College for School Leadership), England	国家教学与领导力学院（英格兰），原国家学校领导力学院
National Professional Qualification for Head Teachers (NPQH)	国家校长专业资格（NPQH）
National Professional Qualification in Integrated Centre Leadership (NPQICL)	国家综合中心领导力专业资格（NPQICL）
National Standards for Leadership of SureStart's Children's Centre Services (Draft National Standards)	确保开端项目儿童中心的领导力国家标准（国家标准草案）
National Vocational Qualification (NVQ)	国家职业资格（NVQ）
norming, team formation	规范阶段，构筑（组建）团队
nurseries, staff development	托儿所，工作人员发展
case studies	案例研究

续表

Office for Standards in Education (Ofsted)	教育标准办公室（Ofsted）
pedagogical leadership	教学领导力
ongoing training	持续性培训
orienting theory	定向理论
outstanding leadership	杰出的领导力
P	
parent voices	家长的声音
parental collaboration, promoting	深化（促进）家长协作
evidence of benefits of home and school consistency	家园一致性作用的证据
five types of parental involvement	五种形式的家长参与
home and early years settings	家庭和学前教育情境
home–school initiatives	家庭－学校倡议
involving parents	家长参与
leading parental collaboration	领导家长协作
parental education	亲职教育
parental partnership	与家长的伙伴关系
participative leadership *see* collaborative leadership partnership, parental	参与式领导力 参见 协作领导力，与家长的伙伴关系
passion, importance of	热情的重要性
pedagogical leadership	教学领导力
communities of practice, learning	实践的学习共同体（学习实践共同体）
continuing professional development	持续性专业发展
definition of pedagogy	教学法的定义
graduate pedagogical leadership, developing	发展研究生的教学领导力
leadership characteristics	领导力特征
reflective learning	反思性学习
teaching vs. pedagogy	教学 VS. 教学法
Pen Green Team/Pen Green Centre	潘格恩团队 / 潘格恩中心
people enablement	为公众赋权
performing, team formation	执行阶段，构筑（组建）团队

perseverance	毅力
phonics teaching, leading change in	领导语音教学变革
playgroups	游戏小组
policy, collaborative	协作性学校政策
postgraduate leadership programmes	研究生领导力项目
pre-schools	幼儿园
Reggio Emilia pre-schools, northern Italy	瑞吉欧·艾米利亚幼儿园，意大利北部
primary teaching, men entering into	在小学工作的男性
Private, Voluntary and Independent sector (PVI)	私营、慈善和独立部门（PVI）
professional development	专业发展
reflective, promoting	促进反思性专业发展
Q	
Qualified Teacher Status (QTS)	合格的教师资质（QTS）
qualitative data	质性数据
quantitative data	量化数据
R	
reciprocal communication	互惠性沟通
Red Book	红皮书
reflection-on-practice	实践反思
reflective learning, leading	引领反思性学习
monitoring practice	监督实践
promoting reflective professional development	促进反思性专业发展
reflective dialogue	反思性对话
reflective leadership training programmes	反思性领导力培训项目
reflective learning and practice	反思性学习与实践
reflective listening	反思性倾听
Reggio Emilia pre-schools, northern Italy	瑞吉欧·艾米利亚幼儿园，意大利北部
REPEY *see* Researching Effective Pedagogy in the Early Years (REPEY) research context	学前教育中的有效教学法研究（REPEY）研究情境

续表

Effective Leadership in the Early Years Sector(ELEYS study)	学前教育中的有效领导力研究（ELEYS）
Effective Provision of Pre-school Education (EPPE) project	有效学前教育（EPPE）
Leadership of Learning in Early Years Practice(LLEaP project)	学前教育实践中的学习领导力研究（LLEaP）
literature on school effectiveness and improvement	学校有效性及其改善的文献
Researching Effective Pedagogy in the Early Years(REPEY)	学前教育中的有效教学法研究（REPEY）
case studies	案例研究
change, reacting to	对变革的反应
developing people	培养人才
developing the organization	发展组织
directional leadership	定向领导力
influence, exercising	发挥影响
monitoring of practice	监督实践
parental collaboration	家长协作
professional development	专业发展
semi-structured interviews	半结构化访谈
setting direction, providing	指引机构方向
shared thinking, importance	共同思考的重要性
teamwork/team culture	团队协作 / 团队文化
response styles, communication	交流中的回应方式
communication, effective	有效沟通
early years context	学前教育情境
empowering leadership	赋权领导力
parental collaboration, promoting	深化（促进）家长协作
reflective learning, leading	引领反思性学习
teamwork/team culture	团队协作 / 团队文化
S	
Scandinavia, leadership practices in	斯堪的纳维亚国家的领导力实践

续表

self–reflection	自我反思
shared and distributed leadership	共享和分布式领导
shared vision, developing	发展共同愿景
consultation towards shared vision	指向共同愿景的磋商
development or improvement plan	发展或改进计划
policy and practice	政策和实践
early years context	学前教育情境
empowering leadership	赋权领导力
pedagogical leadership	教学领导力
research context	研究情境
'situated action'	情境式行动
stakeholders, early year	学前教育领域的利益相关者
standpoint theory	立场理论
Starting with Quality (Rumbold Report, DES，1990)	从质量出发（朗博尔德报告, DES，1990）
StartRight report (1994)	正确开端报告（1994）
stereotypes, female leaders	刻板印象，女性领导者
storming, team formation	磨合阶段，构筑（组建）团队
story–writing	书写故事
SureStart children's centres	确保开端项目的儿童中心
National Standards for Leadership	国家领导力标准
Sustained Shared Thinking (SST)	持续性共同思考（SST）
system leadership	系统领导力
T	
targets, development	发展目标
teachers, collaboration of	教师协作
Teaching Development Agency (TDA)	教学发展署（TDA）
teamwork/team culture	团队协作 / 团队文化
of collaborative relationships	协作关系的团队文化
development stages	发展阶段

effectiveness	有效性
forming new team	组建新团队
leading and working in teams	团队领导与协作
listening and valuing	倾听和重视
open climate requirement	开放型氛围所需的要求
thick description	深描
training programmes	培训项目
ongoing training	持续性培训
reflective leadership	反思性领导力
Transformation and Graduate Leader Funds	变革和研究生领导者基金
transformational leadership	变革式领导
transparency	透明度
U	
understanding, active listening for	旨在理解的积极倾听
United Nations Convention on the Rights of the Child (1989)	《联合国儿童权利公约》（1989）
Head Start programmes	开端计划
V	
vision *see* shared vision	愿景 参见 共同愿景
W	
women, as leaders	女性领导者
'women's work'	女性工作
workforce demographics, early years context	学前教育情境下的劳动力的人口学特征

附 录

英国学前教育系统中的关键词语详解 ①

---

① 本部分内容为译者所加。——编辑注

六、英格兰学前教育基础阶段的相关研究项目

一、学前教育的不同提法

当前，由于各国学制存在差异，且托幼机构命名纷繁复杂，所以，关于学前教育存在多种提法。从教育对象的年龄划分和教育内涵来看，为了提高可靠性与可比性，联合国教科文组织（The United Nations Educational, Scientific and Cultural Organization，UNESCO）依据功能对等原则出台了《国际教育标准分类法》（*International Standard Classification of Education*，ISCED 2011）①，将各国教育统一从低到高分为 ISCED 0 到 ISCED 8 共计九个级别。其中，ISCED 0 级课程对应"早期儿童教育"（early childhood education，ECE），其教育对象是年龄未满 ISCED 1 级课程"初等教育"的儿童，即学龄前儿童。各国入读小学的法定年龄不同，往往介于 5—7 岁，具体划分存在差异。从教育内涵出发，ISCED 0 级课程要求必须包含有目的的教育内容，通常使用整体设计的方法以支持儿童认知、健康、社会性和情感的发展。而 ISCED 0 级课程共包含如下两类：（1）ISCED 0 级 1 类——早期儿童教育开发（early childhood educational development），教育内容针对 0 岁至未满 3 岁的婴幼儿；（2）ISCED 0 级 2 类——幼儿园教育（preprimary education），主要面向 3 岁至学龄前的儿童。②③

由此，可以联系到学前教育存在着的广义和狭义的两大范畴：（1）广义的学前教育泛指对 0 岁至学龄前儿童提供的保育和教育服务，对应 ISCED 0 级；（2）狭义的学前教育是指对 3 岁至学龄前儿童提供的保教服务，在我国以幼儿园教育为主要形式，对应 ISCED 0 级 2 类。

在东南亚地区，主要使用术语"学前儿童保育与教育"（early childhood care and education，ECCE）指代 0 岁到学龄前阶段，旨在促进儿童健康、认

---

① 由于世界各国的教育体系在结构和课程内容等方面差别较大，《国际教育标准分类法》提供了一个可供比较的框架，通过应用统一的和国际商定的定义来组织教育项目和资格，以促进各国教育体系的比较。

② UNESCO Institute for Statistics. 2012. *International standard classification of education: ISCED 2011*, 26. Montreal：UNESCO Institute for Statistics.

③ 联合国教科文组织统计研究所 . 2012. 国际教育标准分类法 2011（中文版）. 蒙特利尔：联合国教科文组织统计研究所 .

知、社会情感发展的一系列干预①，对应 ISCED 0 级。其中，幼儿园教育
（preprimary education）专门面向 3—5 岁儿童②，对应 ISCED 0 级 2 类。

　　在我国的学制体系中，法律规定义务教育的起点为 6 周岁或 7 周岁。由
此，在我国的情境中，（1）广义的学前教育泛指对 0 岁至 6 周岁或 7 周岁儿
童提供的保育和教育服务，对应 ISCED 0 级；（2）狭义的学前教育是指对 3
岁至 6 周岁或 7 周岁儿童提供的保教服务，对应 ISCED 0 级 2 类。此外，在
国家发改委和卫健委联合印发的《支持社会力量发展普惠托育服务专项行动
实施方案（试行）》（发改社会〔2019〕1606 号）、国家卫健委印发的《托育机
构设置标准（试行）》和《托育机构管理规范（试行）》（国卫人口发〔2019〕
58 号）等最新政策文件中，我国政府均使用"托育服务"这一术语指代为 0
岁至未满 3 岁的婴幼儿提供的服务，从年龄上可以对应 ISCED 0 级 1 类。但
实质上，我国当前托育服务以照护为主，教育性质并不明显。

　　在欧洲地区，主要使用"学前儿童教育与保育"（early childhood education
and care，ECEC）一词。这一术语有别于东南亚地区之处在于其将"教育"
前置，但含义类似，指为 0 岁到义务性基础教育阶段前（即学龄前）的儿
童提供的受监管的教育和保育，对应 ISCED 0 级。"学前儿童教育与保育"
（ECEC）的服务类型多种多样，例如机构式和家庭式服务，私立和公立服务，
独立建制的幼儿园（pre-school）和依托小学或社区供给的学前教育服务（pre-
primary provision）等。③

　　本书的语境为英格兰，其不同于欧洲其他地区，使用"学前教育"（early
years）指代 ISCED 0 级。如图 1 所示，在英格兰学制中，0—5 岁儿童处于学
前教育基础阶段（英格兰学制与北爱尔兰、威尔士相似，与苏格兰地区差异

①　UNESCO Office Bangkok and Regional Bureau for Education in Asia and the Pacific，UNICEF Regional
　　Office for South Asia (Nepal). 2016. *Asia-Pacific regional report: Financing for Early Childhood Care and
　　Education (ECCE), working paper,* 14. Retrieved from https：//unesdoc.unesco.org/ark：/48223/pf0000245777.

②　UNESCO Office Bangkok and Regional Bureau for Education in Asia and the Pacific Southeast Asian
　　Ministers of Education Organisation. 2018. *Pursuing quality in early learning vol. 1: early childhood
　　care and education teacher competency framework for Southeast Asia,* 3.

③　European Commission. Page of Education and Training. Retrieved from https：//ec.europa.eu/education/
　　policies/early-childhood-education-and-care_en.

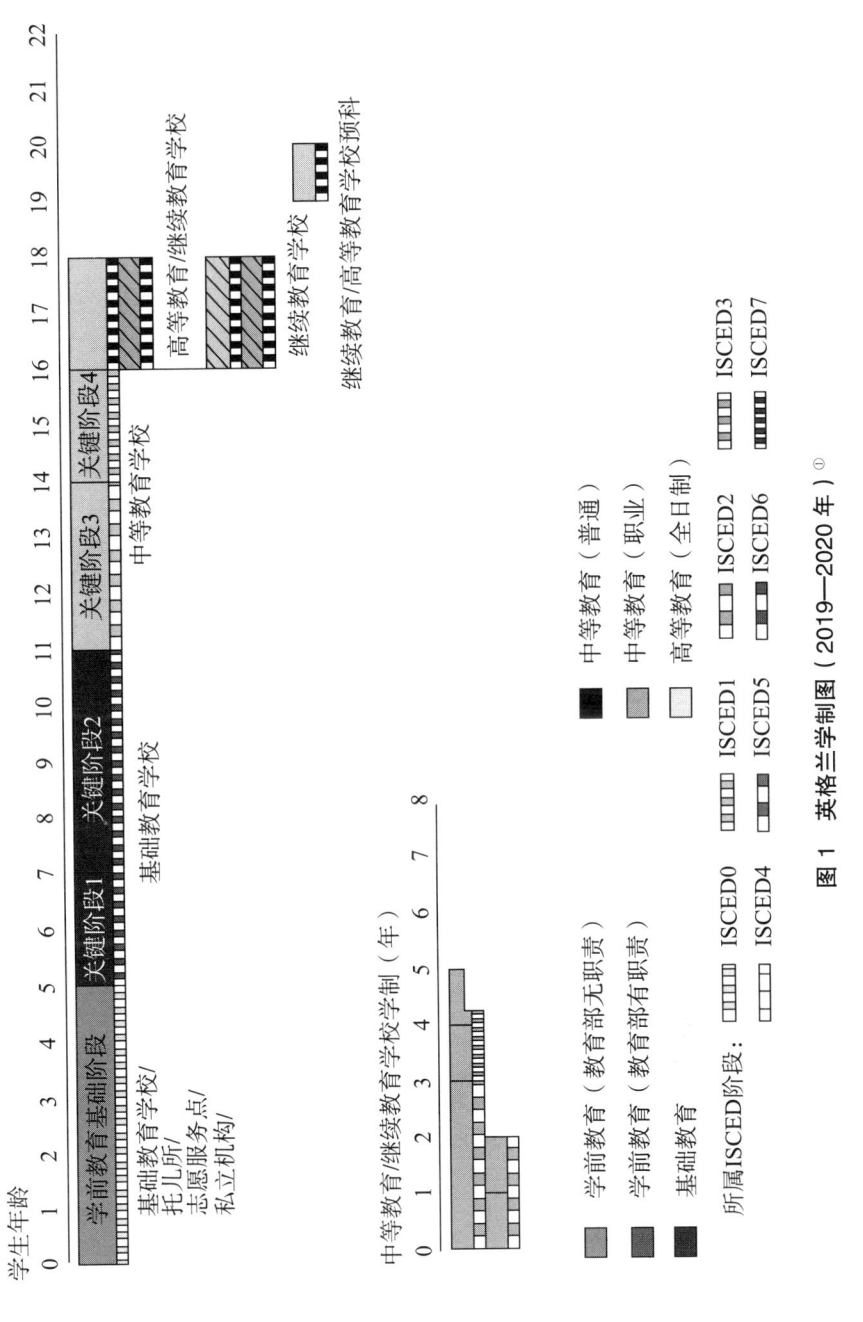

图 1　英格兰学制图（2019—2020 年）①

① European Commission. 2019. *The Structure of the European Education Systems 2019/20: Schematic Diagrams*. Luxembourg：Publications Office of the European Union.

较大）。这一提法源自 2007 年英格兰政府提出的《学前教育基础阶段》（EYFS）这一法定框架，该框架旨在为 0—5 岁儿童的学习、发展和保育设定标准，并规定了这一阶段的保教服务是儿童及家长的一项基本权利。

二、英格兰学前教育基础阶段的主要机构

本书提及的英格兰学前教育基础阶段的服务机构主要有以下几种。[①]

日托所（day nurseries）

接收 3 个月至 5 岁的儿童，一般至少提供每天 6 小时的服务，而且大部分都是全年全日制开放。多数由私人经营，部分为国家公立。

幼儿学校（nursery schools）

接收 3—4 岁儿童（及 2 岁处境不利儿童）。通常每年开放 38 周，每天开放 6 小时，但提供全托的机构其开放时间可延长至 10 小时（8：00—18：00），为公立或私人经营。

幼儿园（pre-school）

原名为"游戏小组"（play groups），通常为 2—4 岁儿童提供半日服务，可由教堂或社区管理。

预备班（reception class）

附设于小学，每年开放 38 周。根据法律规定，儿童必须在 5 岁生日后的第一学期开始接受全日制教育，而不足 5 岁的儿童则进入预备班，因此，预备班的许多孩子都是 4 岁。

[①]   I. Schreyer and P. Oberhuemer. 2017. "United Kingdom – Key Contextual Data". *Workforce Profiles in Systems of Early Childhood Education and Care in Europe.* edited by P. Oberhuemer and I. Schreyer. Retrieved from www.seepro.eu/English/Country_Reports.htm.

儿童中心（children's centres）

于 1997/1998 年由确保开端（Sure Start）项目引入，采用综合服务模式，将幼儿教育与父母的各种支持设施结合起来。大部分由公共、私人非营利机构组织。

儿童托管人（child minders）

即家庭日托，为许多 3 岁以下的儿童提供日托服务，也为学龄儿童提供托管服务，受与中心化学前教育基础阶段服务相同的监管和检查框架的约束。

三、欧洲与英格兰的教师资格框架

欧洲的教师资格框架

2008 年，欧洲议会和理事会正式批准建立了欧洲资格框架（European Qualification Framework，简称 EQF），这一框架整合了不同欧盟成员国的资格要求，目的是在欧盟范围内建立一个共同的资格互认参照标准，在尊重各国资格体系多样性的基础上，提高资格体系之间的透明度、兼容性和可比性。该框架共包括 8 个等级，从最低第 1 级到最高第 8 级，满足不同层次、不同水平人员对资格认定的需求。每一级资格水平从知识、技能和能力三个维度界定了相应的学习结果。在某种程度上，该框架能帮助人们理解不同欧盟国家的职业资格。

英格兰使用的职业资格与高等教育资格框架

在终身教育和新职业主义运动影响下，由于英国内部的职业与普通高等教育层次及类型多样且高度自治，为了统一专业术语并建立可比较的资格框架，英国政府在 20 世纪 80 年代开始探索建立国家职业资格证书框架体系。

1987 年，英国的国家职业资格委员会（the National Council for Vocational Qualifications，简称 NCVQ）颁布并实行了国家职业资格（National Vocational Qualification，简称 NVQ）这一职业资格框架，它适用于英格兰、威尔士与北爱尔兰地区。国家职业资格包括 11 个职业领域，分为 5 个等级（熟练工人、技术工人、技术员、高级技术员与专业人员），以学习者的能力为依据（evidence of competence）进行评估，并发放职业资格证书。

1997 年，英国公布了新版职业资格框架——国家资格框架（National Qualifications Framework，简称 NQF）。2001 年，又颁布了高等教育资格框架（the Framework for Higher Education Qualifications in England, Wales and Northern Ireland，简称 FHEQ）。这一框架以学习成果为基础，将高等教育资格分为 5 个级别（2008 年公布了最新版）。[1][2] 为了联通国家资格框架和高等教育资格框架，英国政府曾多次修改并出台新版国家资格框架，但由于国家资格框架名目繁杂、学习内容重叠等问题，政府最终放弃了这一框架。

2008 年 8 月，英国公布了全新的国家资格框架——资格与学分框架（Qualifications and Credit Framework，简称 QCF）及其规范与操作方法，并于 2011 年 1 月起确定其为英格兰唯一使用的资格认可框架，取代原来的国家资格框架。[3] 资格与学分框架是由学习量（size）与等级（level）二维结构组成的资格框架（见图 2），衡量学习量的最小单位是学分，1 学分代表 10 小时的国家学时（National Learning Time），这也是英国首次将学分引入资格认定系统。

---

① 王琪 . 2012. 英格兰高等教育资格框架 (FHEQ) 的新进展及启示 . 中国高教研究, (3)：54–58.
② 邵元君，匡瑛 . 2011. 全纳的创新资格框架：英格兰的 QCF. 外国教育研究，38(10)：69–74.
③ 白玲 . 2016. 从 QCF 到 RQF：英格兰资格框架改革的新取向及其启示 . 外国教育研究，43(11)：31–43.

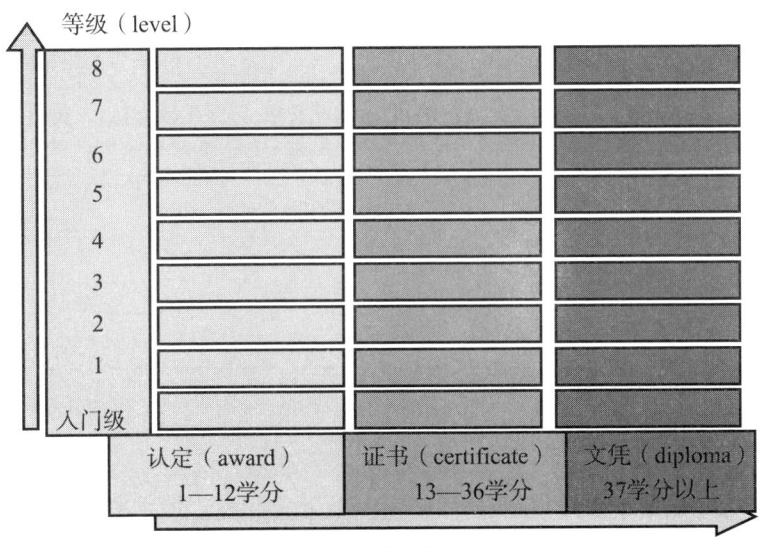

图2　资格与学分框架（QCF）结构 ①

2015年，英国的资格与考试管理办公室（The Office of Qualifications and Examinations Regulation，简称 Ofqual）颁布并实行了全新的规范资格框架（Regulated Qualifications Framework，简称 RQF），以取代资格与学分框架（QCF）。规范资格框架（RQF）由3个入门级别（Entry1—3）和8个普通级别共11级组成（见表1）。该职业资格框架适用于英格兰以及北爱尔兰地区，威尔士（Qualifications Wales）和苏格兰（Scottish Credit and Qualifications Framework）各自拥有独立的职业资格框架。

① 谷晓洁，李延平 . 2018.英格兰职业资格框架制度改革的价值选择与本质回归 . 职业技术教育，39(36)：72–79.

表 1　各大资格框架对照表 ①

职业资格框架			教育资格框架	
英格兰的资格类型	英格兰规范资格框架（RQF），2015	欧洲资格框架（EQF），2008	国际教育标准分类法（ISCED），2011	英格兰高等教育资格框架（FHEQ），2008
◇ 入门级认定（Entry level award）； ◇ 入门级证书（Entry level certificate）； ◇ 入门级文凭（Entry level diploma）； ◇ 入门级生活技能（Skills for Life）； ◇ 入门级关键技能（Entry level essential skills）； ◇ 入门级功能技能（Entry level functional skills）； ◇ 英语非母语人员的入门级英语能力（Entry Level English for Speakers of Other Languages，ESOL）	RQF Entry 1 RQF Entry 2 RQF Entry 3	 EQF 1		
◇ 剑桥 1 级证书（First certificate）； ◇ 英国普通初级中学毕业文凭成绩为 D—G 级； ◇ 音乐成绩为 1—3 级； ◇ 1 级认定（Level 1 award）； ◇ 1 级证书（Level 1 certificate）； ◇ 1 级文凭（Level 1 diploma）； ◇ 1 级英语非母语人员的入门级英语能力（ESOL）； ◇ 1 级关键技能； ◇ 1 级功能技能； ◇ 1 级国家职业资格（Level 1 NVQ）；	RQF 1	EQF 2		

① European Commission. England and Northern Ireland Referencing Report. Retrieved from https：//ec.europa.eu/ploteus/en/referencing-reports-and-contacts.

职业资格框架			教育资格框架	
英格兰的资格类型	英格兰规范资格框架（RQF），2015	欧洲资格框架（EQF），2008	国际教育标准分类法（ISCED），2011	英格兰高等教育资格框架（FHEQ），2008
◇ 中国国家英语能力等级考试（CSE）成绩为 1 级； ◇ 英国普通初级中学毕业文凭成绩为 A*—C 级； ◇ 通用教育证书 O 级成绩为 A—C 级； ◇ 音乐成绩为 4—5 级； ◇ 2 级学徒（Intermediate apprenticeship）； ◇ 2 级认定； ◇ 2 级证书； ◇ 2 级文凭； ◇ 2 级英语非母语人员的入门级英语能力（ESOL）； ◇ 2 级关键技能； ◇ 2 级功能技能； ◇ 2 级国家证书（Level 2 national certificate）； ◇ 2 级国家文凭（Level 2 national diploma）； ◇ 2 级国家职业资格；	RQF 2	EQF 3		

续表

职业资格框架			教育资格框架	
英格兰的资格类型	英格兰规范资格框架（RQF），2015	欧洲资格框架（EQF），2008	国际教育标准分类法（ISCED），2011	英格兰高等教育资格框架（FHEQ），2008
◇ A 级； ◇ 高等教育预科文凭（Access to Higher Education Diploma）；① ◇ 3 级学徒制（Advanced apprenticeship）； ◇ 通用技能资格（Applied general）； ◇ 通过高级补充考试； ◇ 国际文凭（International Baccalaureate diploma）； ◇ 3 级认定； ◇ 3 级证书； ◇ 3 级文凭； ◇ 3 级英语非母语人员的入门级英语能力（ESOL）； ◇ 3 级国家证书（Level 3 national certificate）； ◇ 3 级国家文凭（Level 3 national diploma）； ◇ 3 级国家职业资格； ◇ 音乐成绩为 6-8 级； ◇ 技术级别（Tech level）；②	RQF 3	EQF 4	ISCED 3	

---

① Higher Education Funding Council for England. Access to Higher Education Diploma Provision in the East of England. Retrieved from https：//www.heacademy.ac.uk/system/files/move_access_he_diploma_east_england.pdf.

续表

职业资格框架			教育资格框架	
英格兰的资格类型	英格兰规范资格框架（RQF），2015	欧洲资格框架（EQF），2008	国际教育标准分类法（ISCED），2011	英格兰高等教育资格框架（FHEQ），2008
◇ 高等教育证书（Certificate of higher education）； ◇ 学徒制高等教育（Higher apprenticeship）； ◇ 国家高等教育证书（Higher national certificate）； ◇ 4级认定； ◇ 4级证书； ◇ 4级文凭； ◇ 4级国家职业资格；	RQF 4	EQF5	ISCED4	FHEQ4
◇ 国家高等教育文凭（Diploma of higher education）； ◇ 基础学位（Foundation degree）； ◇ 高等教育文凭（Higher national diploma）； ◇ 5级认定； ◇ 5级证书； ◇ 5级文凭； ◇ 5级国家职业资格；	RQF 5		ISCED5	FHEQ5
◇ 荣誉学士学位（Degree with honors） ◇ 学徒制学士学位（Degree apprenticeship） ◇ 学士学位（Ordinary degree without honors） ◇ 本科文凭（Graduate diploma） ◇ 6级认定； ◇ 6级证书； ◇ 6级文凭； ◇ 6级国家职业资格；	RQF 6	EQF6	ISCED6	FHEQ6

续表

职业资格框架			教育资格框架	
英格兰的资格类型	英格兰规范资格框架（RQF），2015	欧洲资格框架（EQF），2008	国际教育标准分类法（ISCED），2011	英格兰高等教育资格框架（FHEQ），2008
◇ 综合硕士学位（Integrated master's degree） ◇ 硕士学位（Master's degree） ◇ 研究生证书（Postgraduate certificate） ◇ 教育学研究生证书（Postgraduate certificate in Edu） ◇ 研究生文凭（Postgraduate diploma） ◇ 7级认定； ◇ 7级证书； ◇ 7级文凭； ◇ 7级国家职业资格；	RQF 7	EQF7	ISCED7	FHEQ7
◇ 博士学位（Doctorate） ◇ 8级认定； ◇ 8级证书； ◇ 8级文凭。	RQF 8	EQF8	ISCED8	FHEQ8

四、英格兰学前教育基础阶段的核心从业者

在英格兰，学前教育基础阶段存在多类核心从业者，依据岗位的资格要求从高到低排列，分别为：

学前教师（Early Years Teachers）［与教师（Pedagogues）可替换使用］

在英格兰，需要通过学历教育获得"学前教育教师资质"（Early Years Teacher Status, EYTS），才有资格为0—5岁儿童提供教育。获得"学前教育

教师资质"有以下几种方式：（1）本科起点，正在学习与学前教育相关的本科文凭课程，并有意向在此领域工作；（2）获得了硕士文凭，但与学前儿童一同工作的经验有限，且当前工作不与之相关；（3）硕士起点雇员，需要获得硕士学位，且当前从事与学前儿童相关的工作；（4）评估，即获得海外的硕士文凭，与0—5岁儿童相处的经验丰富，并且对义务教育学校的关键阶段1和关键阶段2（key stage 1 and 2）有所了解。入职的最低资质要求：（1）获得数学、英语、科学领域"普通初级中学毕业文凭"A级或同等级别的课程资格；（2）拥有学士学位（2—3个A级）。[①]

教师（Pedagogues）

源自拉丁语 paedagōgus，由孩子（pais）与引领（agōgos）组成，原指古希腊时期奴隶制经济下照看主人子女的奴隶。在欧洲国家，传统上是对教师的一种称呼，指负责教学、关注幼儿一日生活、与儿童一同工作的人员，其通常与儿童及其家庭协同开展工作，入职门槛为 EQF6 级、ISCED 6 级，即获得学士学位，这类人往往担任主班教师、中心领导（如保教主任、园长）等职务。而英格兰不采用欧洲的这一体系，"pedagogue"与"teacher"等术语在英格兰互通使用。区别在于，在英格兰，服务5岁以上儿童（小学生）的教师（teacher）需至少获得学士学位（2—3个A级）、"合格教师资质"（Qualified Teacher Status, 简称 QTS），并具有英国"普通初级中学毕业文凭"（General Certificate of Secondary Education，简称 GCSE）英语、数学、科学学科的A级或同等级别课程资格。而在服务0—5岁儿童的学前教育基础阶段，教师的学历水平相对较低，故采用"学前教师资质"（EYTS）取代适用于中小学教师的"合格教师资质"（QTS）。

学前儿童工作者（Early years educators）

是指达到 EQF4 级、ISCED 3 级的从业人员。其最低资质要求为：（1）2

---

① National Careers Service. Explore Careers Early Years Teacher. Retrieved from https://nationalcareers. service.gov.uk/job-profiles/early-years-teacher.

年以上高等职业教育（upper secondary education）；（2）获得数学和英语的
"普通初级中学毕业文凭"。这类人员的服务对象为日托机构（Day Nurseries）
或儿童中心的0—5岁儿童，社区或私立的慈善性质的游戏小组以及学前学校
（Community/ PVI play-groups and pre-schools）的2—5岁儿童，他们一般有能
力独立工作并指导资历较浅的员工（supervise junior staff）。[①]

五、英格兰学前教育基础阶段的相关文件

《朗博尔德报告：从质量出发》（*Rumbold Report: Starting with Quality*）

由英国教育科学部（DES，1991年后复名为教育部）于1990年颁布，由
时任部长安吉拉·朗博尔德（Angela Rumbold）主持，是一项关于国家和社
会向3岁和4岁儿童提供的学前教育基础阶段服务质量的独立审查报告。

《每个儿童都重要：为儿童而改变》（*Every Child Matters: Change for Children*）

由英国教育和技能部（DfES，2010年后重组并入教育部）于2004年颁
布的有关儿童学习与发展的绿皮书。该绿皮书提出要依据家庭背景、行为、
特殊需要、身体和智力状况等因素来认定弱势和处境不利儿童，建立儿童数
据库，并针对处境不利儿童的健康问题以及各种不良行为问题，制定相应的
计划和措施。绿皮书强调要展开多层次、全方位的服务整合，共同促进处境
不利儿童的学习与发展。

[①] Hevey, D. 2017. United Kingdom – ECEC Workforce Profile. *Workforce Profiles in Systems of Early Childhood Education and Care in Europe:*11. (edited by P. Oberhuemer and I. Schreyer.) Retrieved from www.seepro.eu/English/Country_Reports.htm.

《**马蒙特评论：公平社会，健康生活**》（*Marmot Review report: fair society, healthy lives*）

由英国卫生部于 2010 年发布，是由迈克尔·马蒙特（Michael Marmot）教授主持的一项有关降低英格兰健康不平等战略的独立审查报告。

《**菲尔德评论**》（*Field Review*）

由英国政府于 2010 年颁布，是指由弗兰克·菲尔德（Frank Field）主持的一项有关贫困和生活机会的独立审查报告《基础阶段：防止贫困儿童成为贫困成年人》（*The foundation years: preventing poor children becoming poor adults*）。该报告考察了贫困及其对儿童生活变化的影响，建议要对"基础阶段"（Foundation Years）给予更大的关注和重视，倡导要给予学前教育基础阶段的儿童及其父母更大的支持，并确保该阶段的儿童发展和相应服务得到充分的支持与理解。

《**蒂克尔评论**》（*Tickell Review*）

由英国教育部于 2011 年 3 月颁布的《学前教育阶段：生活、健康与学习的基础》（*The Early Years: Foundations for Life, Health and Learning*），由英格兰慈善机构"为儿童行动"（Action for Children）的首席执政官克莱尔·蒂克尔（Clare Tickell）主持，是有关"学前教育基础阶段"（EYFS）对儿童学习与发展以及从业人员的影响的独立审查报告。

《**芒罗评论：儿童保护**》（*Munro Review of Child Protection*）

由英国教育部于 2011 年发布的独立审查报告，由埃琳·芒罗（Eileen Munro）教授于 2010 年主持完成，旨在建议政府、服务领导者和专业人士等加大对儿童权益保障的关注和投入，以满足处境不利儿童和青少年群体的学习与发展需求。

《艾伦评论》（*Allen Review*）

由英国国会议员格林汉姆·艾伦（Graham Allen）于 2011 年发表的两份独立审查报告——《早期干预：睿智的投资，大量的储蓄》（*Early intervention: smart investment, massive savings*）和《早期干预：后续步骤》（*Early intervention: the next steps*）。这两份报告谈论了早期干预对儿童学习与发展以及维持社会稳定的重要作用。

《纳特布朗评论：基础阶段质量报告》（*Nutbrown Review: Foundations for Quality report*）

由英国教育部于 2012 年 6 月颁布的一份关于学前教育基础阶段资质的独立审查报告。该报告由凯茜·纳特布朗（Cathy Nutbrown）教授主持，提出了师资队伍质量是学前教育基础阶段发展的一大关键因素，指出了当时英国学前教育基础阶段的教师资质体系并没有为从业人员提供明确、系统的知识、技能等要求和培训，描述了学前教育基础阶段师资队伍所面临的困境，并对政府如何建构和完善教育与保育资质体系，促进该领域师资队伍的专业发展提出了相应建议。

《特拉斯报告：更优质的幼儿保育》（*Truss Report: More Great Childcare*）

由卡梅伦政府于 2013 年颁布，旨在提高学前教育基础阶段的质量，促进学前教育基础阶段均衡发展。该报告主要从"提高学前教育基础阶段工作人员的地位和资质""为幼儿提供更充足的免费学前教育机会""加强对学前教育基础阶段的监管""给予幼儿父母更多""更适宜的选择"等方面介绍了政府在提供更优质的幼儿保育方面的政策。

六、英格兰学前教育基础阶段的相关研究项目

国际成功校长项目（International Successful School Principals Project，ISSPP）

是一个研究成功校长的项目，自 2001 年英国诺丁汉大学提出以来，一直实施至今。最初参与研究的仅有中国、美国、澳大利亚、英国、瑞典、挪威、丹麦、加拿大 8 个国家，随着项目的推进，目前参与国已达 25 个。该项目主要探讨不同社会经济文化背景下的中小学成功校长的品质特征、能力及行为特性；研究这些品质和行为特征如何影响学生的学习；成功校长在不同的政策和社会背景下实施领导活动所应用的知识、使用的技能和策略部署有何不同；在规模、地理环境以及经济水平具有较大差异的学校中，成功校长具有哪些独特的行为特征；探究不同的成功校长的价值观以及学校所处社会背景与学校成就之间的关系。

国家综合教育中心领导力专业资格项目（National Professional Qualification in Integrated Centre Leadership，NPQICL）

自 2004 年开始，英国政府与国家学校领导力学院（National College for School Leadership）协作开展了此项有关英国学前教育基础阶段领导者的培训计划。

确保开端项目（Sure Start）

是英国财政部从 1998 年开始投资实施的一项以家庭为切入口，以社区为依托，面向幼儿及其父母的综合服务项目。项目旨在通过医疗保健、免费幼儿教育、儿童保育、家庭支持等服务为儿童及其父母创造更好的生活，提高学前教育基础阶段的质量。这个项目主要适用于英格兰，在威尔士、苏格兰和北爱尔兰略有不同。

有效学前教育项目（Effective Provision of Pre-school Education, EPPE）

是一项评估 3—7 岁儿童的成就与发展的纵向研究项目。样本随机选自英格兰 5 个地区，涉及学前教育基础阶段 6 种主要服务类型的 141 家机构。在每个机构内，项目组随机抽取 20—25 名儿童，跟踪他们的学习进度，直至关键阶段 1 结束（即 7 岁）。该项目采用定性和定量的方法，旨在探讨学前经验对儿童入学时的认知能力和社会性行为发展的影响，以及对儿童发展的持续性影响。此外，项目还研究了儿童个体特征及家庭特征（如性别、家庭人口数、家长受教育水平、家长职业）对儿童发展的影响。该项目的相关研究包括"学前教育中的有效教学法研究"（REPEY）、"学前教育中的有效领导力研究"（ELEYS）。

出版人　李　东
策划编辑　孙冬梅
责任编辑　孙冬梅
版式设计　杨玲玲
责任校对　白　媛
责任印制　叶小峰

图书在版编目（CIP）数据

学前教育中的有效领导力 /（英）伊兰·西拉杰—布
拉奇福德等著；李敏谊等译. — 北京：教育科学出版
社，2022.3
　　书名原文：Effective and Caring Leadership in
the Early Years
　　ISBN 978-7-5191-2959-0

　　Ⅰ. ①学…　Ⅱ. ①伊…　②李…　Ⅲ. ①幼儿园—管理
Ⅳ. ①G617

中国版本图书馆CIP数据核字（2022）第020341号

北京市版权局著作权合同登记 图字：01-2021-3430

学前教育中的有效领导力

XUEQIAN JIAOYU ZHONG DE YOUXIAO LINGDAOLI

出版发行	教育科学出版社				
社　　址	北京·朝阳区安慧北里安园甲9号		**邮　　编**	100101	
总编室电话	010-64981290		**编辑部电话**	010-64989395	
出版部电话	010-64989487		**市场部电话**	010-64989009	
传　　真	010-64891796		**网　　址**	http://www.esph.com.cn	
经　　销	各地新华书店				
制　　作	北京京久科创文化有限公司				
印　　刷	保定市中画美凯印刷有限公司				
开　　本	720毫米×1020毫米　1/16		**版　　次**	2022年3月第1版	
印　　张	14.75		**印　　次**	2022年3月第1次印刷	
字　　数	199千		**定　　价**	42.00元	

图书出现印装质量问题，本社负责调换。